This book belongs to:

CREATIVE KID PUBLISHING

Aa
Aa
Apple
Aa
A
a
Aa
A
a
Apple
Apple

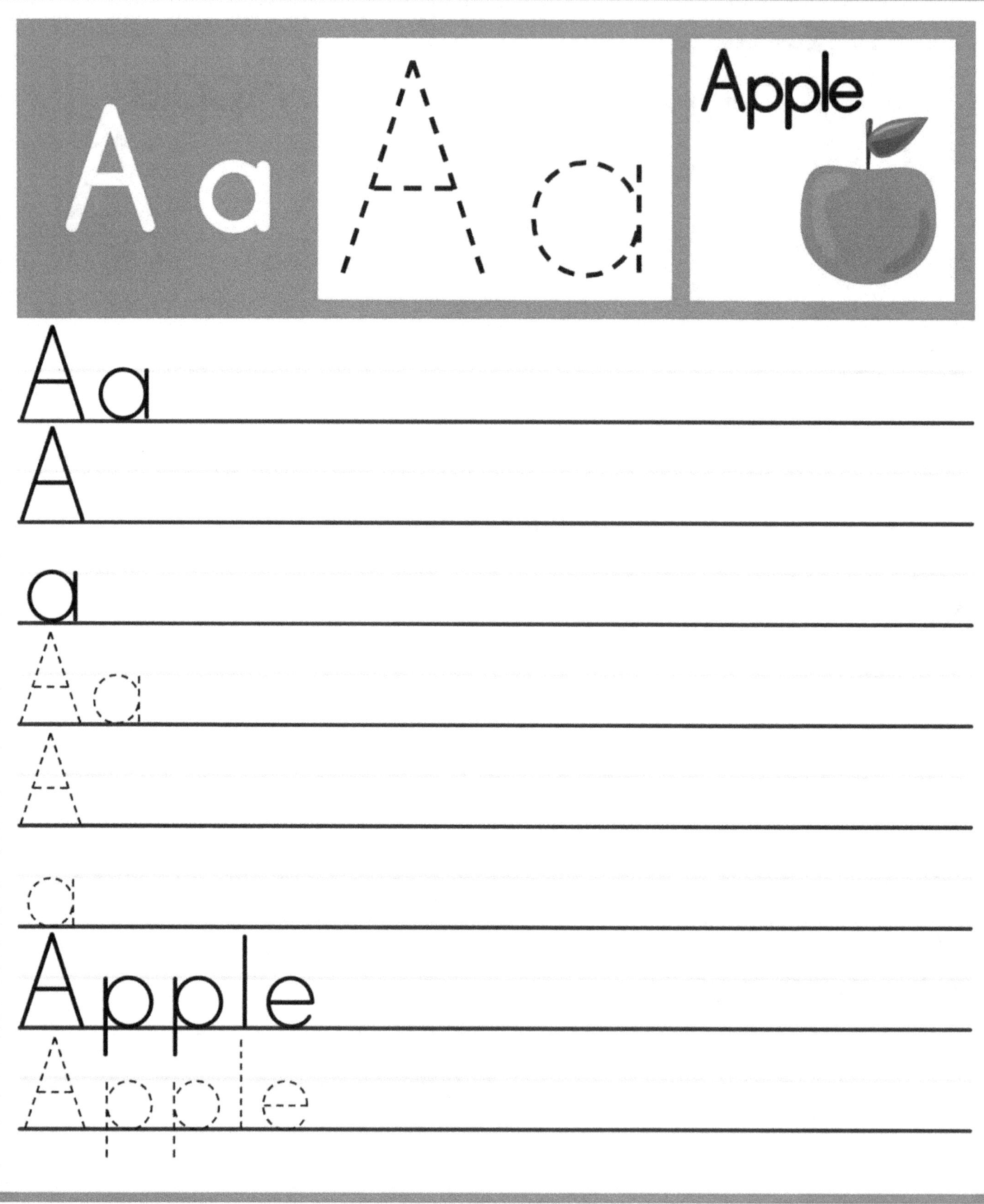
Aa
Aa
Apple
Aa
A
a
Aa
A
a
Apple
Apple

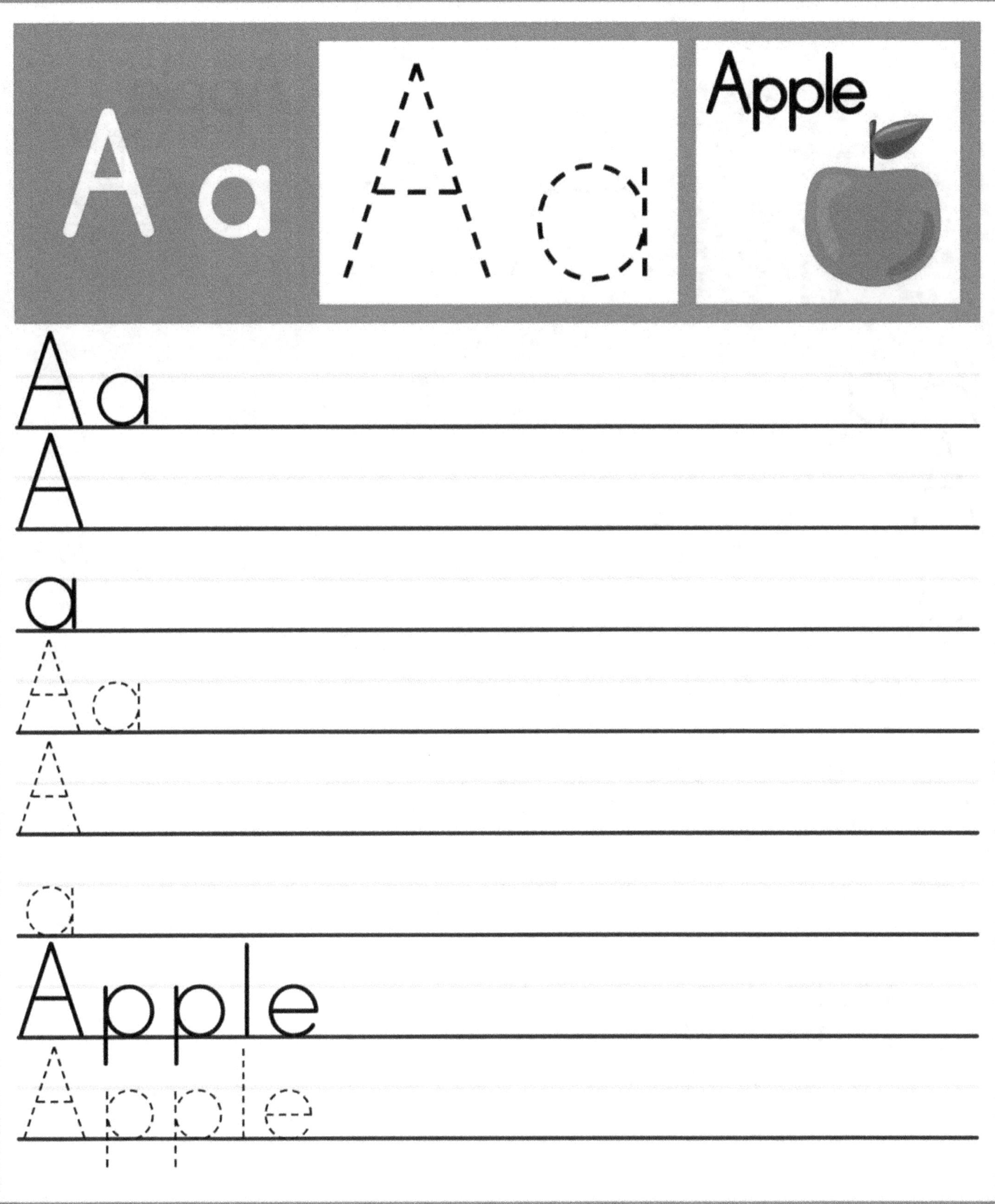
Aa
Aa
Apple
Aa
A
a
Aa
A
a
Apple
Apple

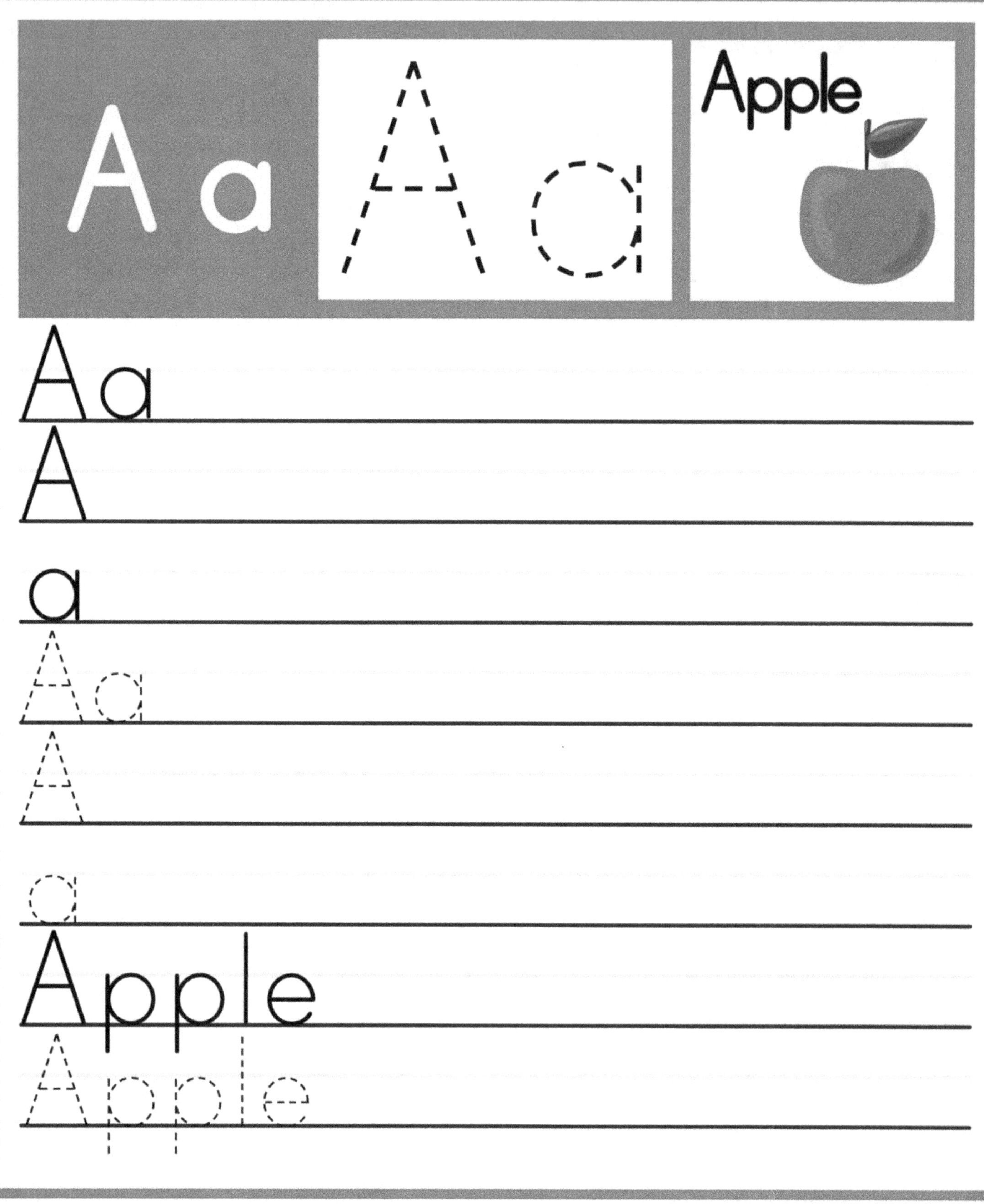

Aa
Aa
Apple
Aa
A
a
Aa
A
a
Apple
Apple

Bb

Bb

Banana

Bb

B

b

Bb

B

b

Banana

Banana

B b

B b

Banana

Bb

B

b

B b

B

b

Banana

Banana

Bb Bb Banana

Bb

B

b

Bb

B

b

Banana

Banana

Bb

Bb

Banana

Bb

B

b

Bb

B

b

Banana

Banana

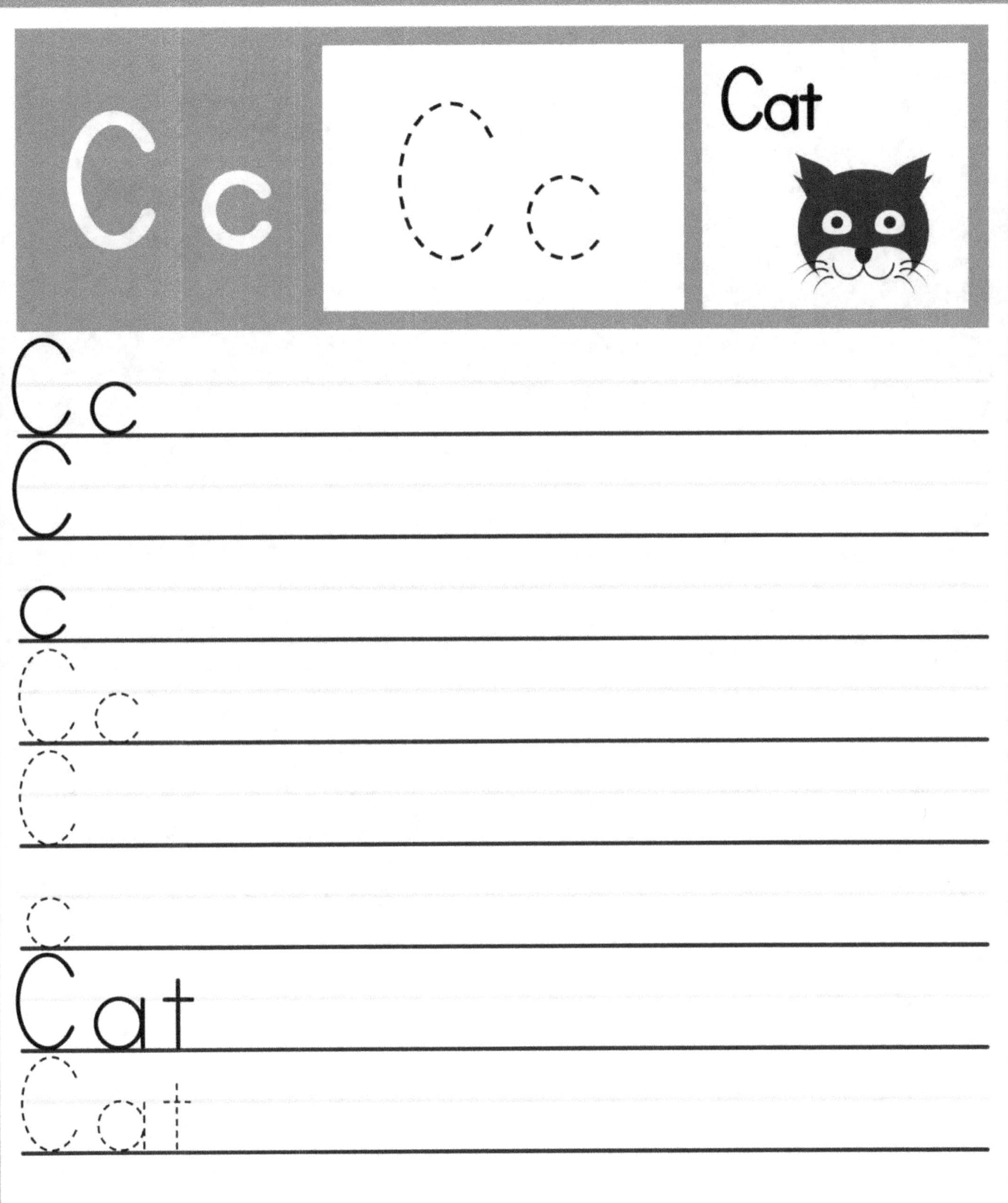
Cc
Cc
Cat
Cc
C
c
Cc
C
c
Cat
Cat

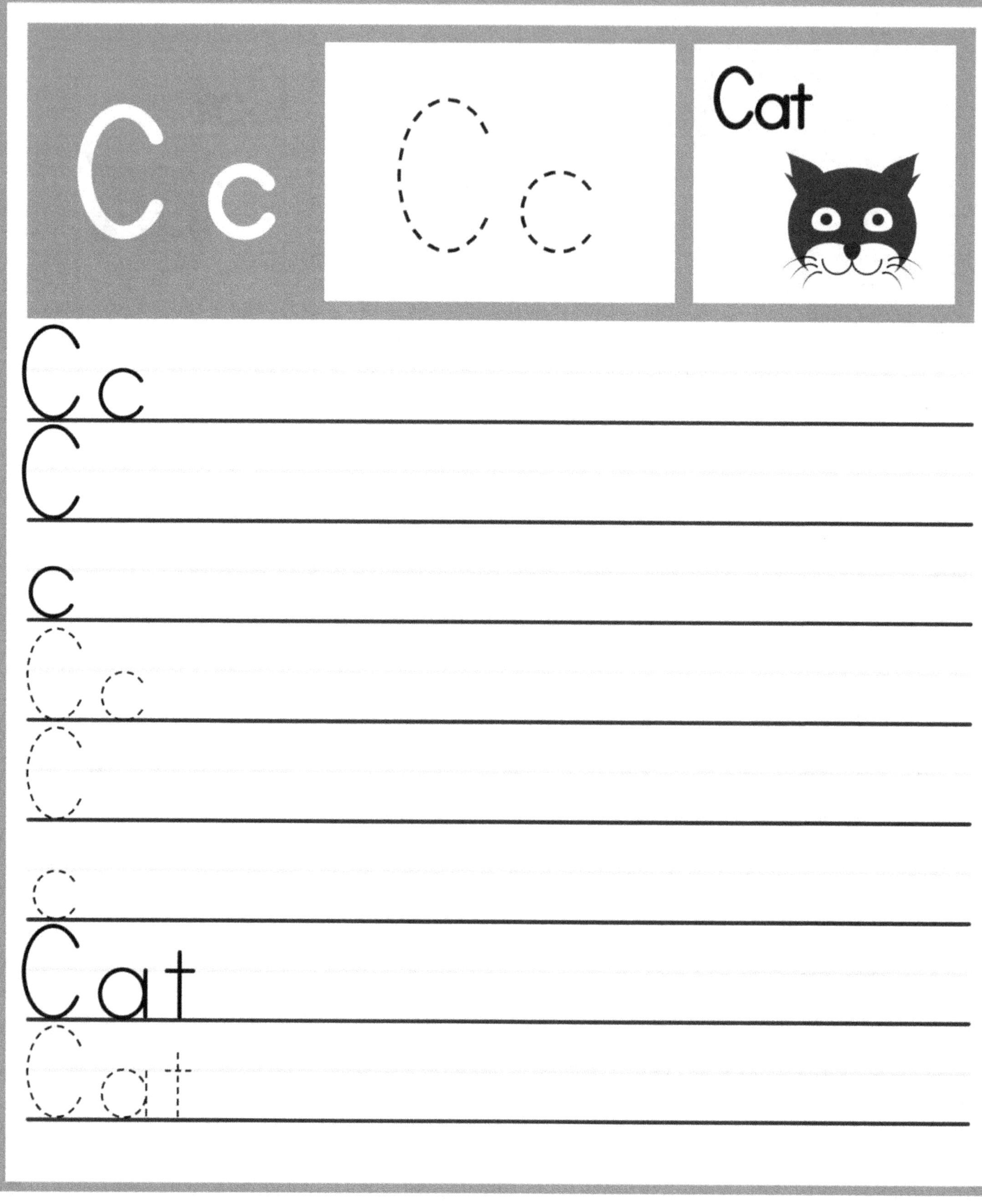

Cc
Cc
Cat
Cc
C
c
Cc
C
c
Cat
Cat

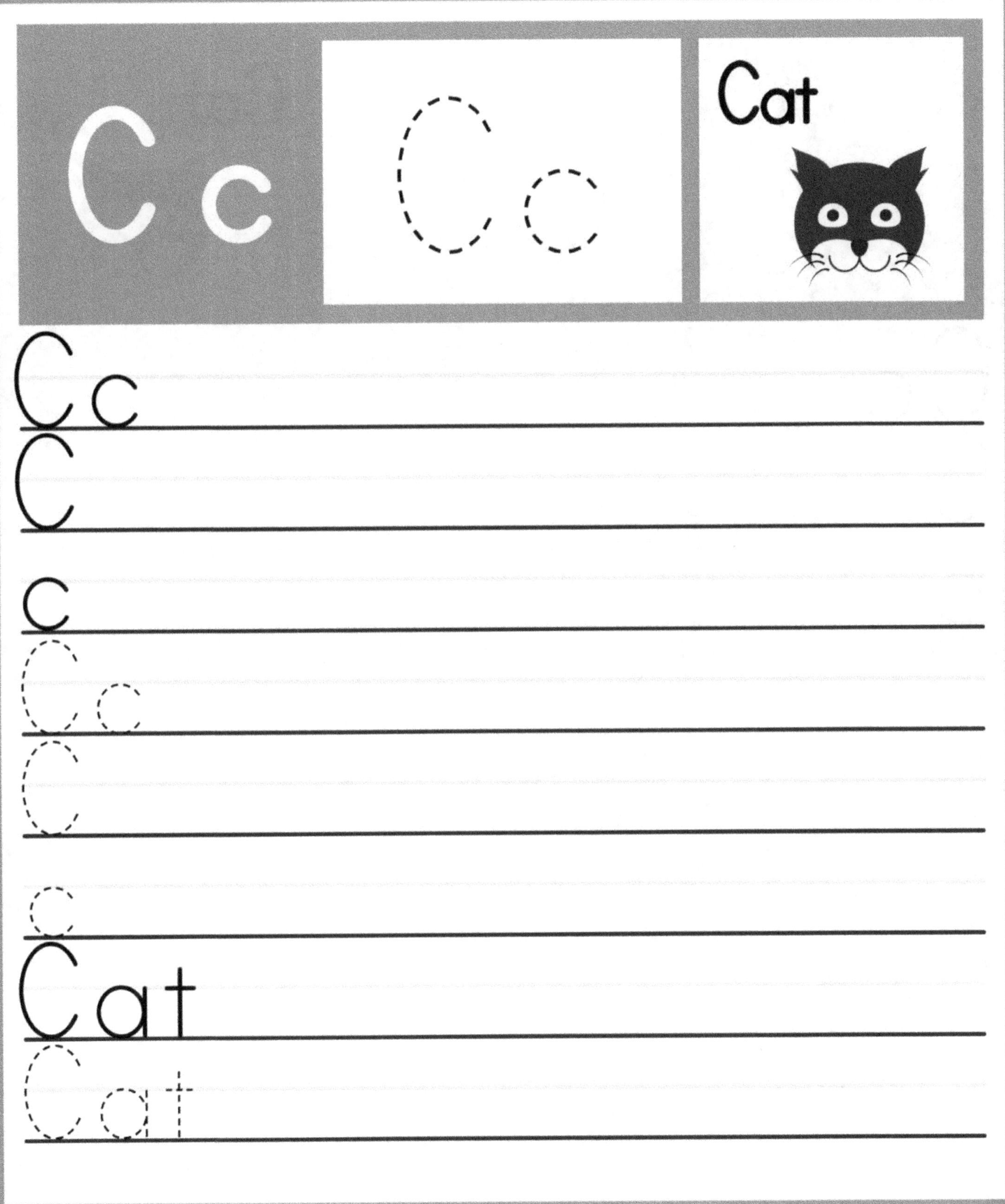
Cc
Cc
Cat
Cc
C
c
Cc
C
c
Cat
Cat

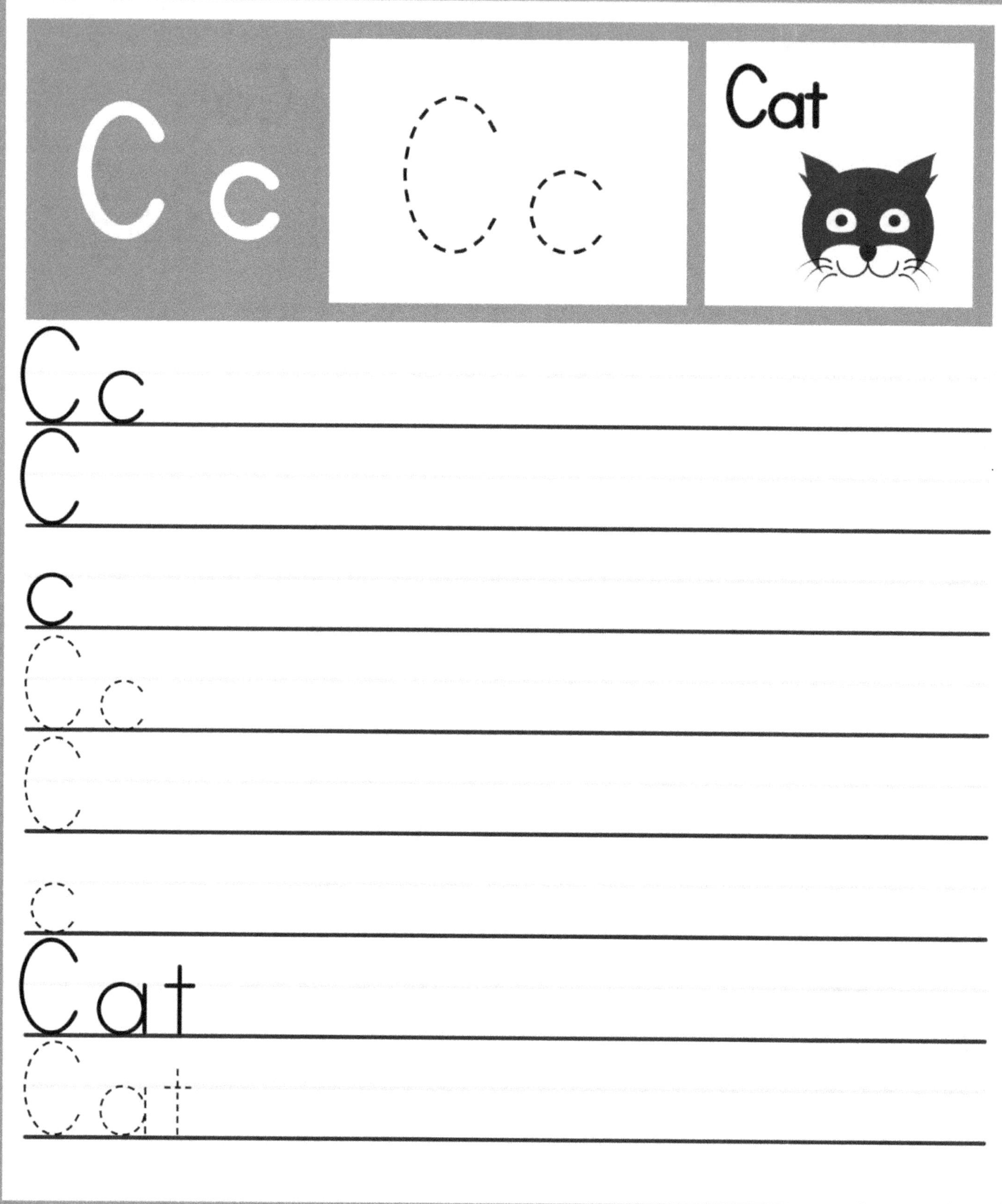
Cc
Cc
Cat
Cc
C
c
Cc
C
c
Cat
Cat

Dd

Dd

Duck

Dd

D

d

Dd

D

d

Duck

Duck

Dd

Dd

Duck

Dd

D

d

Dd

D

d

Duck

Duck

Dd

Dd

Duck

Dd

D

d

Dd

D

d

Duck

Duck

Dd

Dd

Duck

Dd

D

d

Dd

D

d

Duck

Duck

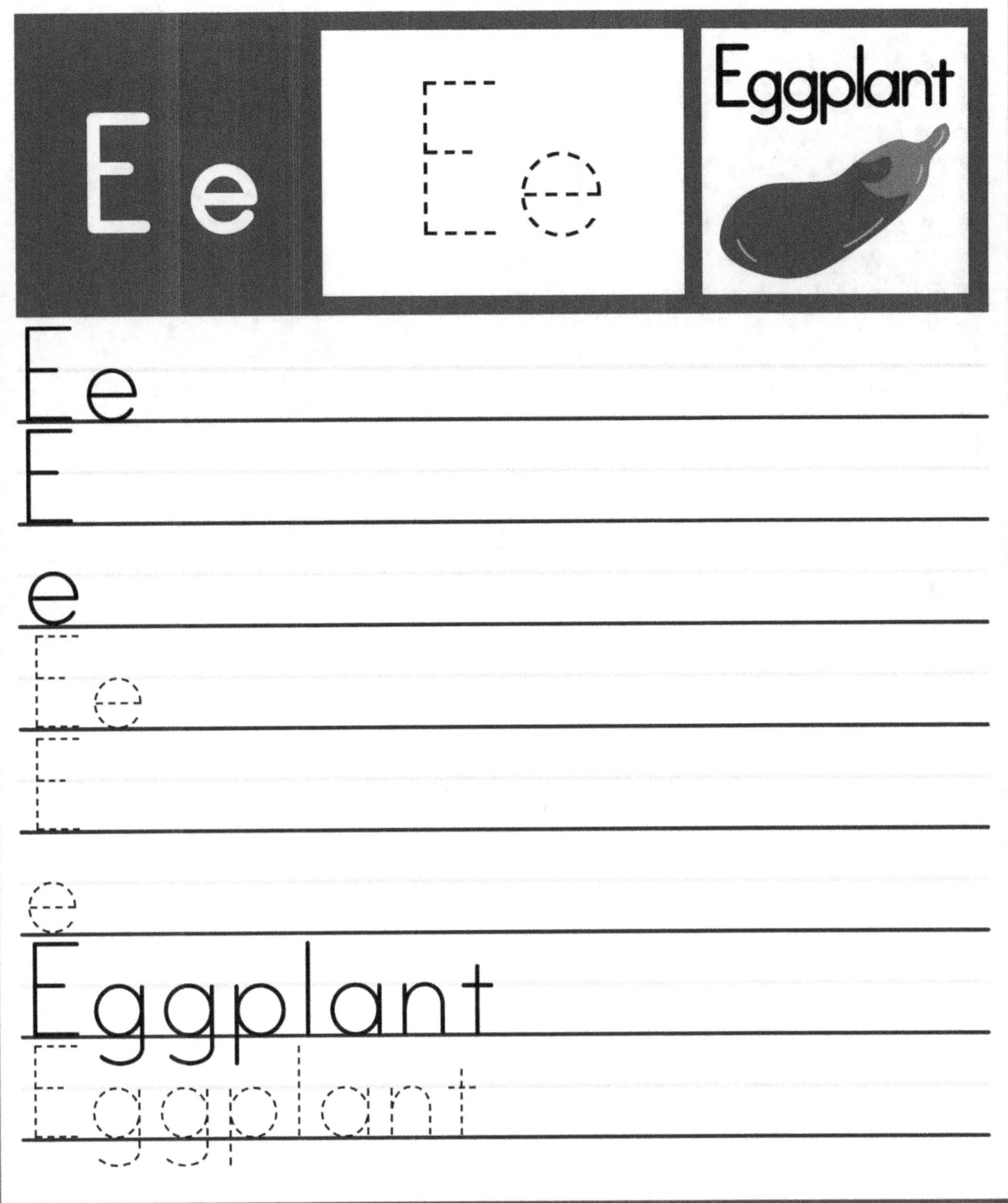

Ee
Ee
Eggplant
Ee
E
e
Ee
E
e
Eggplant
Eggplant

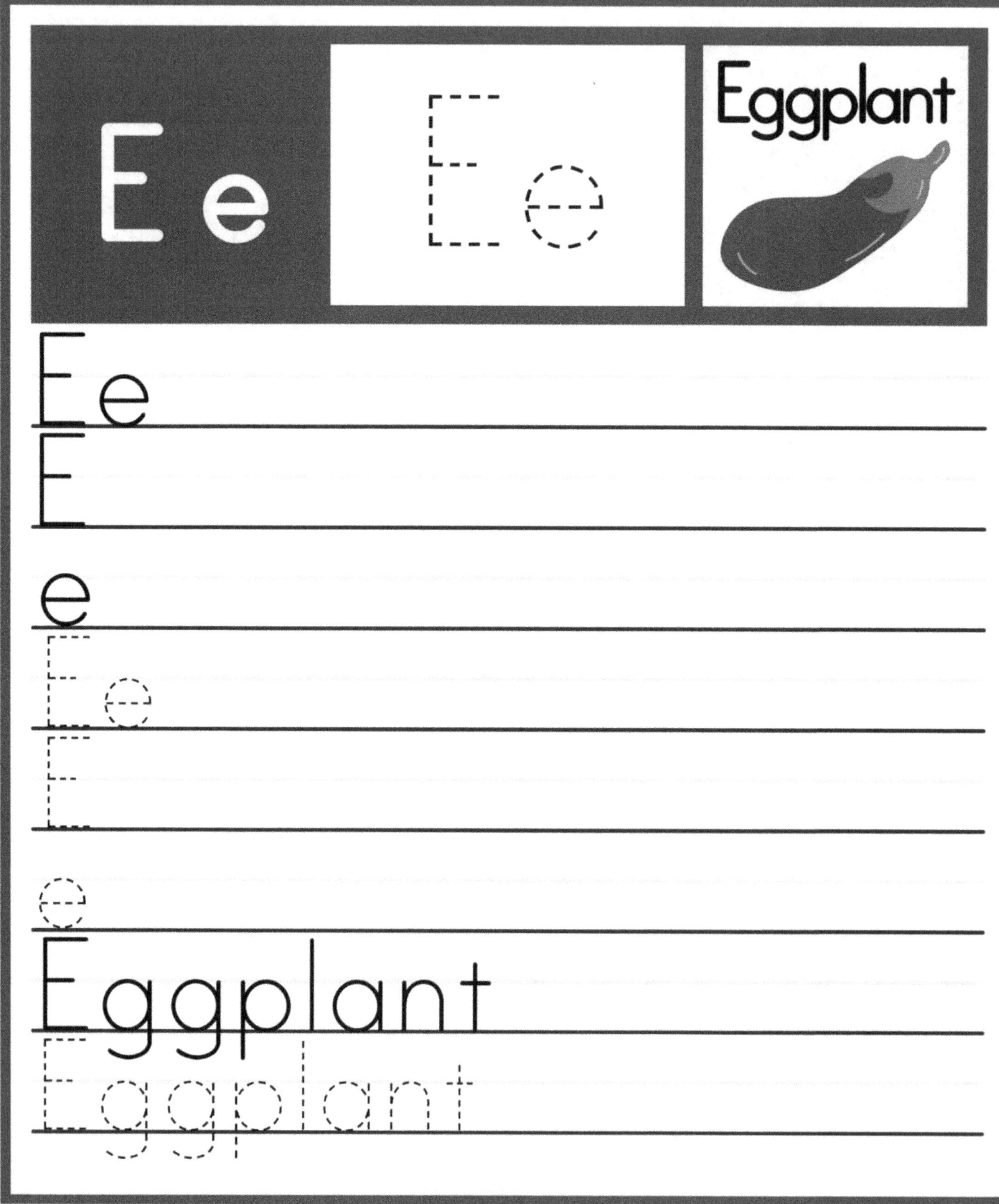
Ee
Ee
Eggplant
Ee
E
e
Ee
E
e
Eggplant
Eggplant

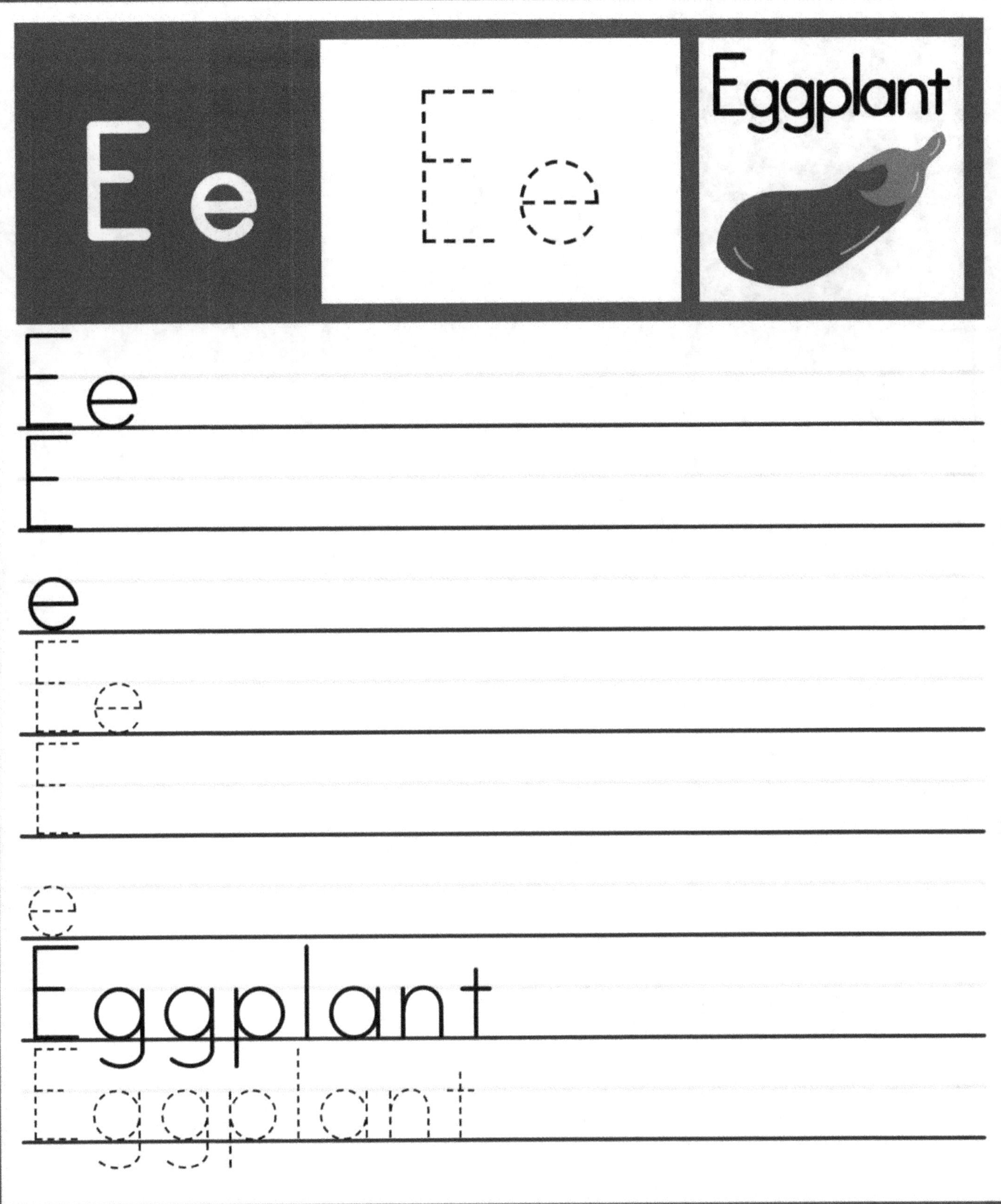

Ee
Ee
Eggplant
Ee
E
e
Ee
E
e
Eggplant
Eggplant

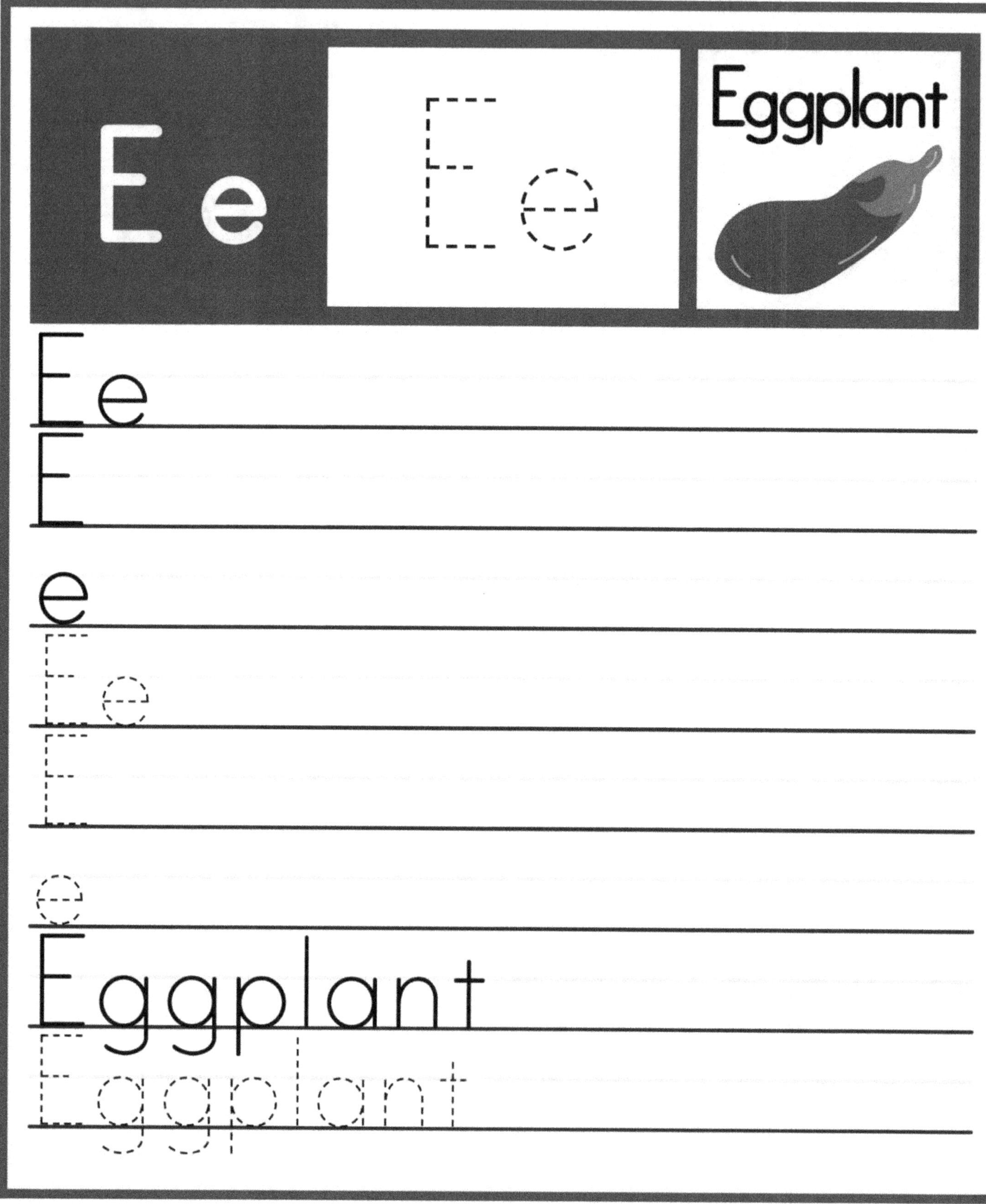
Ee
Ee
Eggplant
Ee
E
e
Ee
E
e
Eggplant
Eggplant

F f
F f
Flower
Ff
F
f
Ff
F
f
Flower
Flower

F f
F f
Flower
Ff
F
f
Ff
F
f
Flower
Flower

Ff
Ff
Flower
Ff
F
f
Ff
F
f
Flower
Flower

F f
F f
Flower
Ff
F
f
Ff
F
f
Flower
Flower

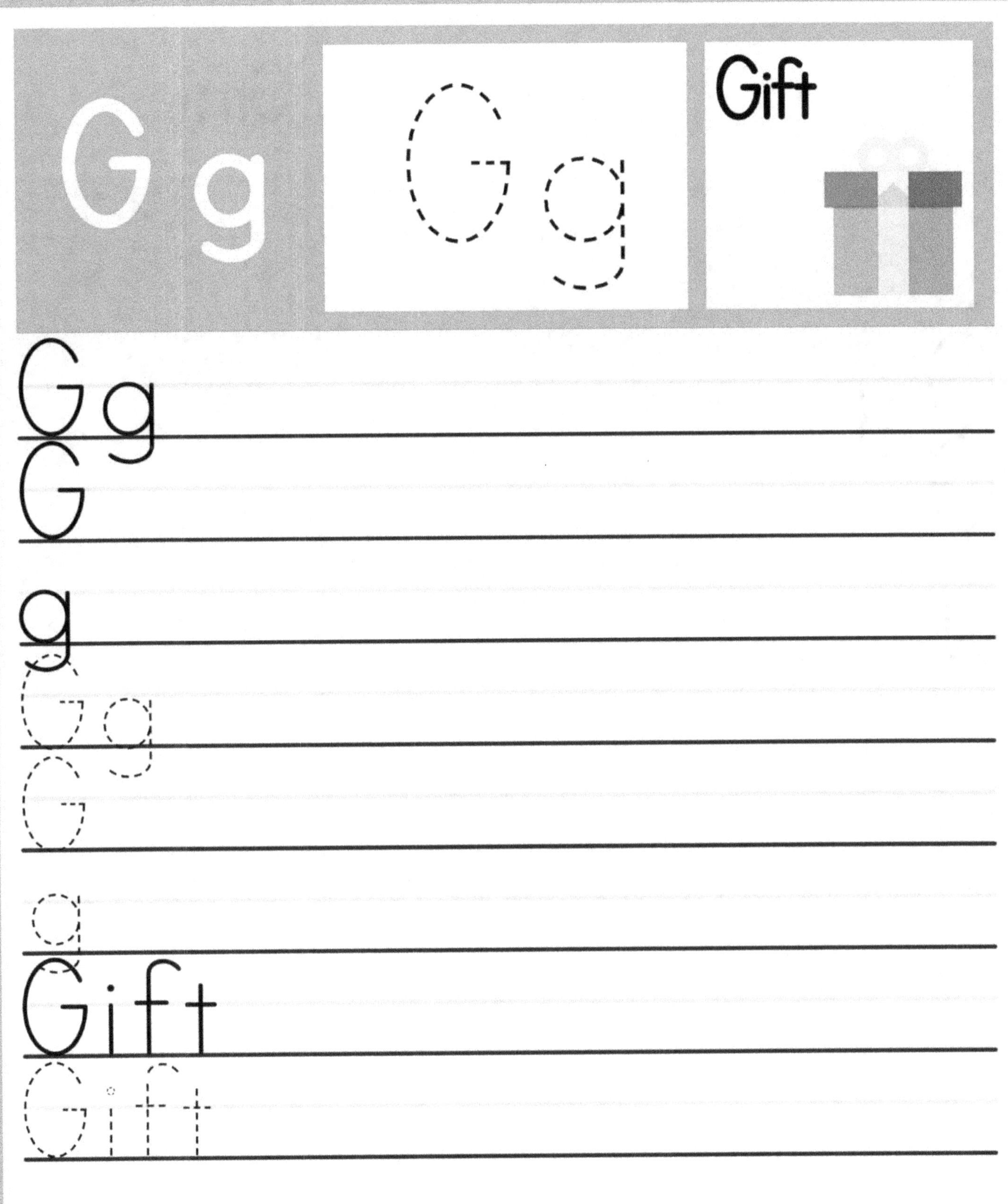
G g
G g
Gift
Gg
G
g
Gg
G
g
Gift
Gift

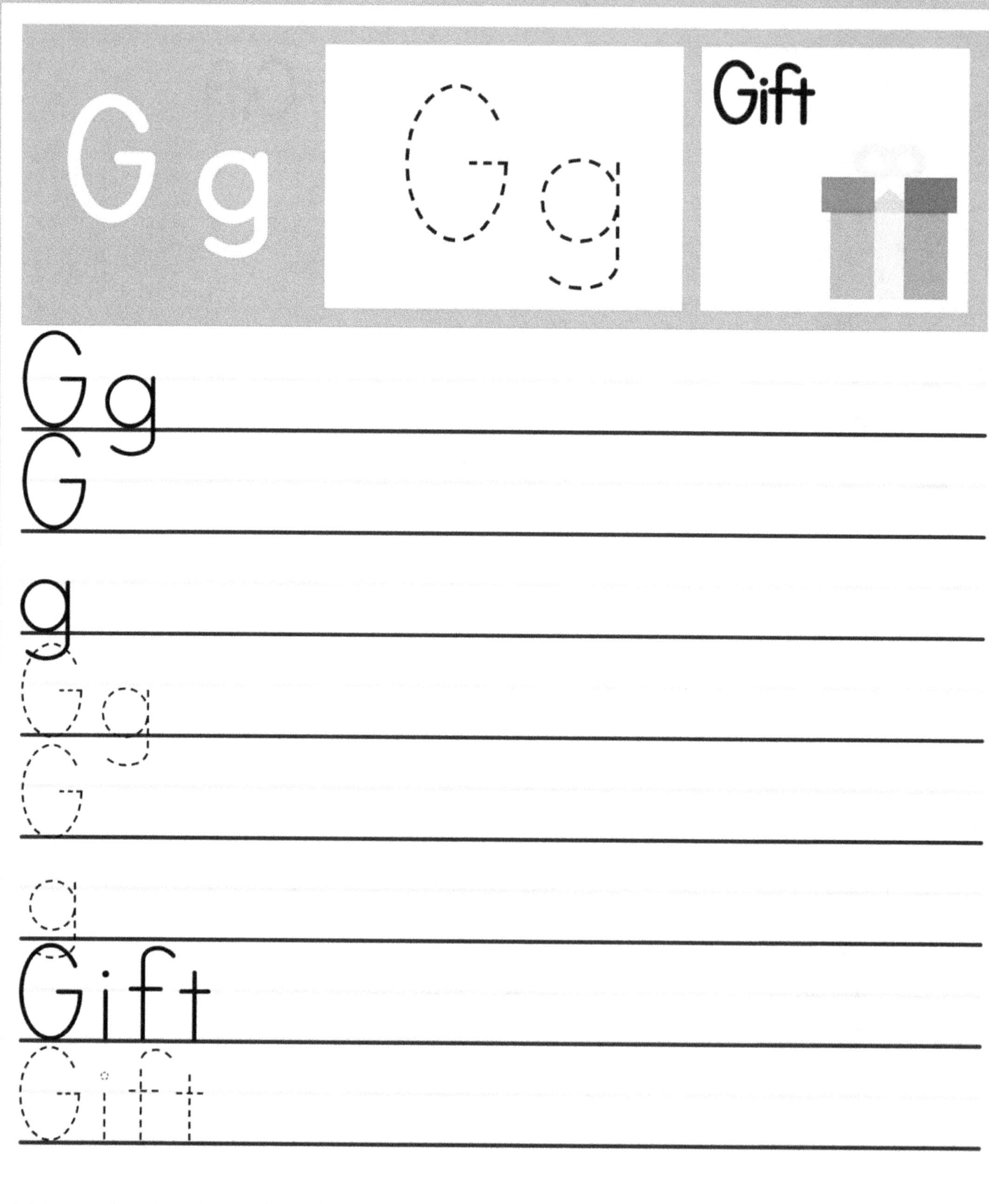

Gg
Gg
Gift
Gg
G
g
Gg
G
g
Gift
Gift

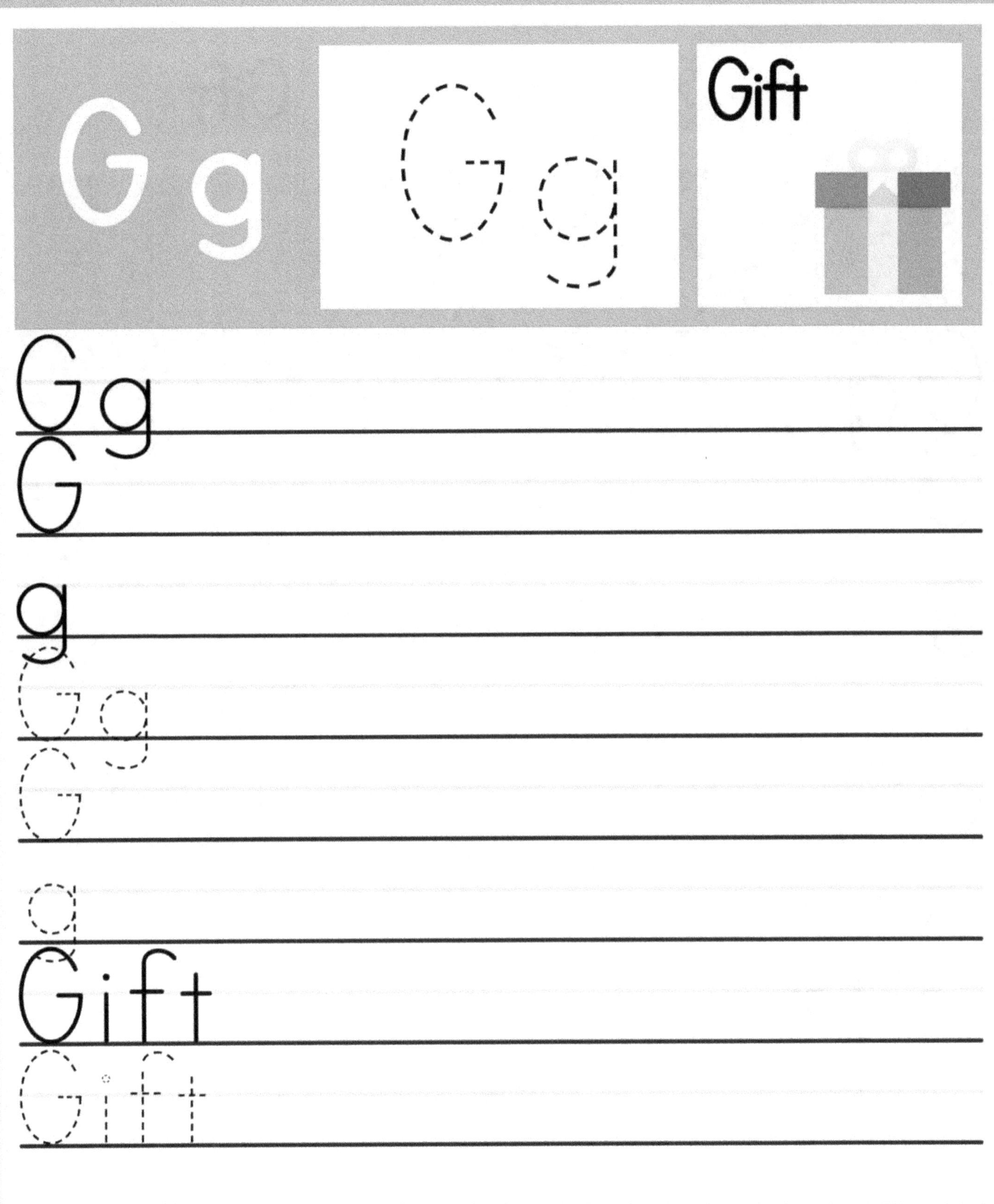

G g
Gift
Gg
G
g
Gift

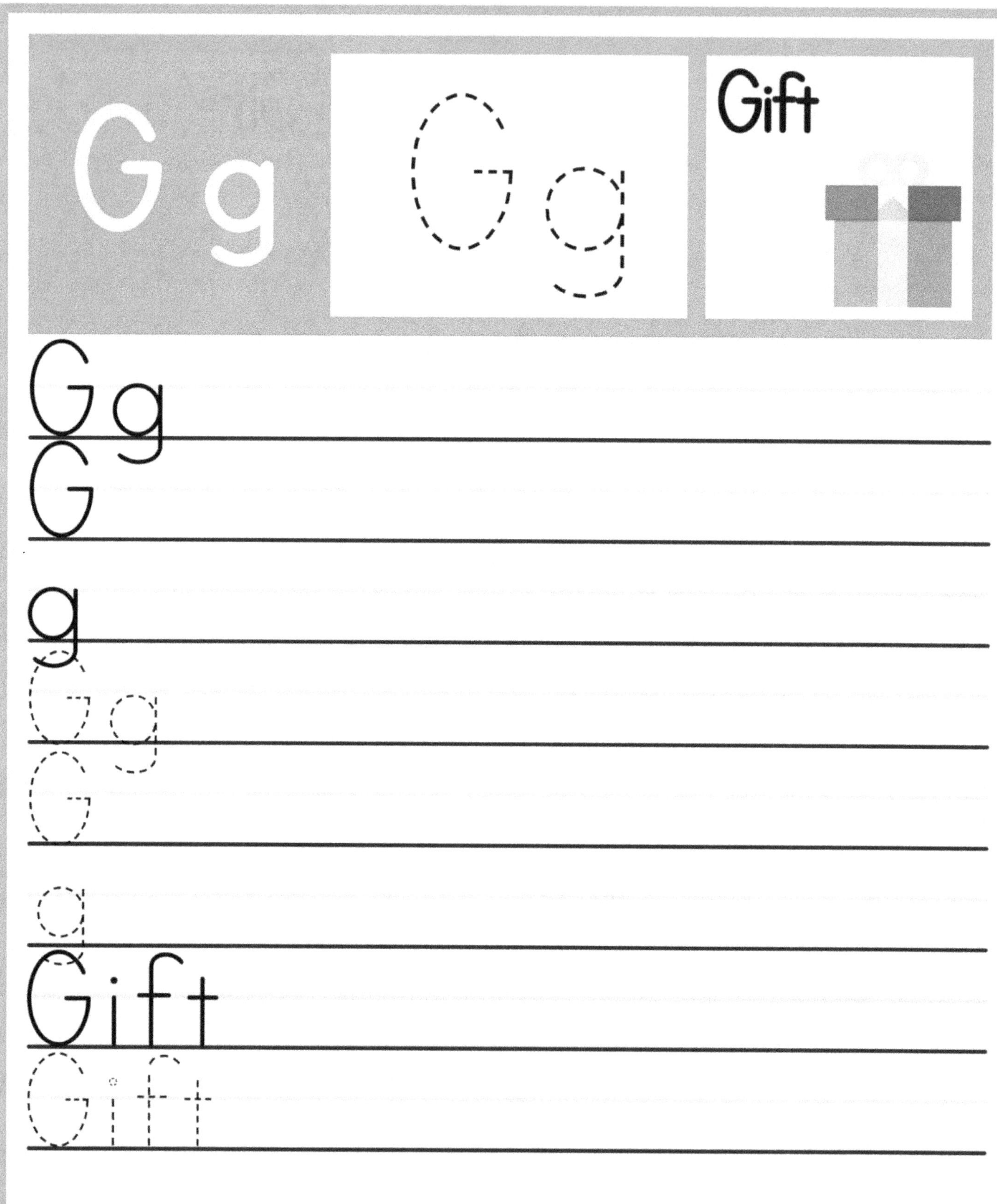
G g
G g
Gift
Gg
G
g
G g
G
g
Gift
Gift

H h

Hh

Hat

Hh

H

h

Hh

H

h

Hat

Hat

H h

Hh

Hat

Hh

H

h

Hh

H

h

Hat

Hat

H h

Hh

Hat

Hh

H

h

Hh

H

h

Hat

Hat

H h
Hh
Hat
Hh
H
h
Hh
H
h
Hat
Hat

I i

I i

Ice cream

I i

I i

i

I i

I

i

Ice cream

Ice cream

I i
I i
Ice cream
I i
I i
i
I i
I
i
Ice cream
Ice cream

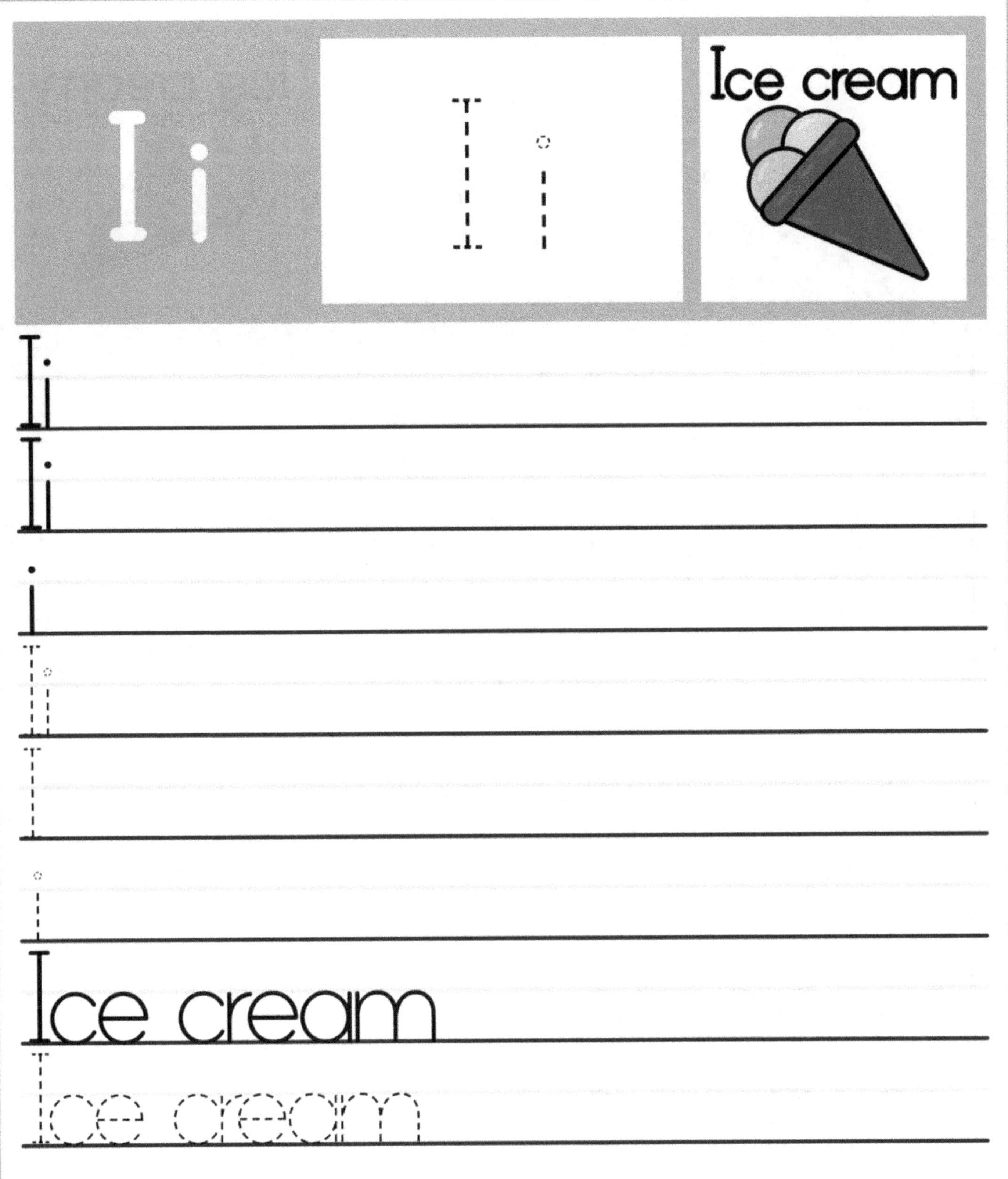
I i
I i
Ice cream
I i
I i
i
I i
I
i
Ice cream
Ice cream

I i

I i

Ice cream

Ii

Ii

i

Ii

I

i

Ice cream

Ice cream

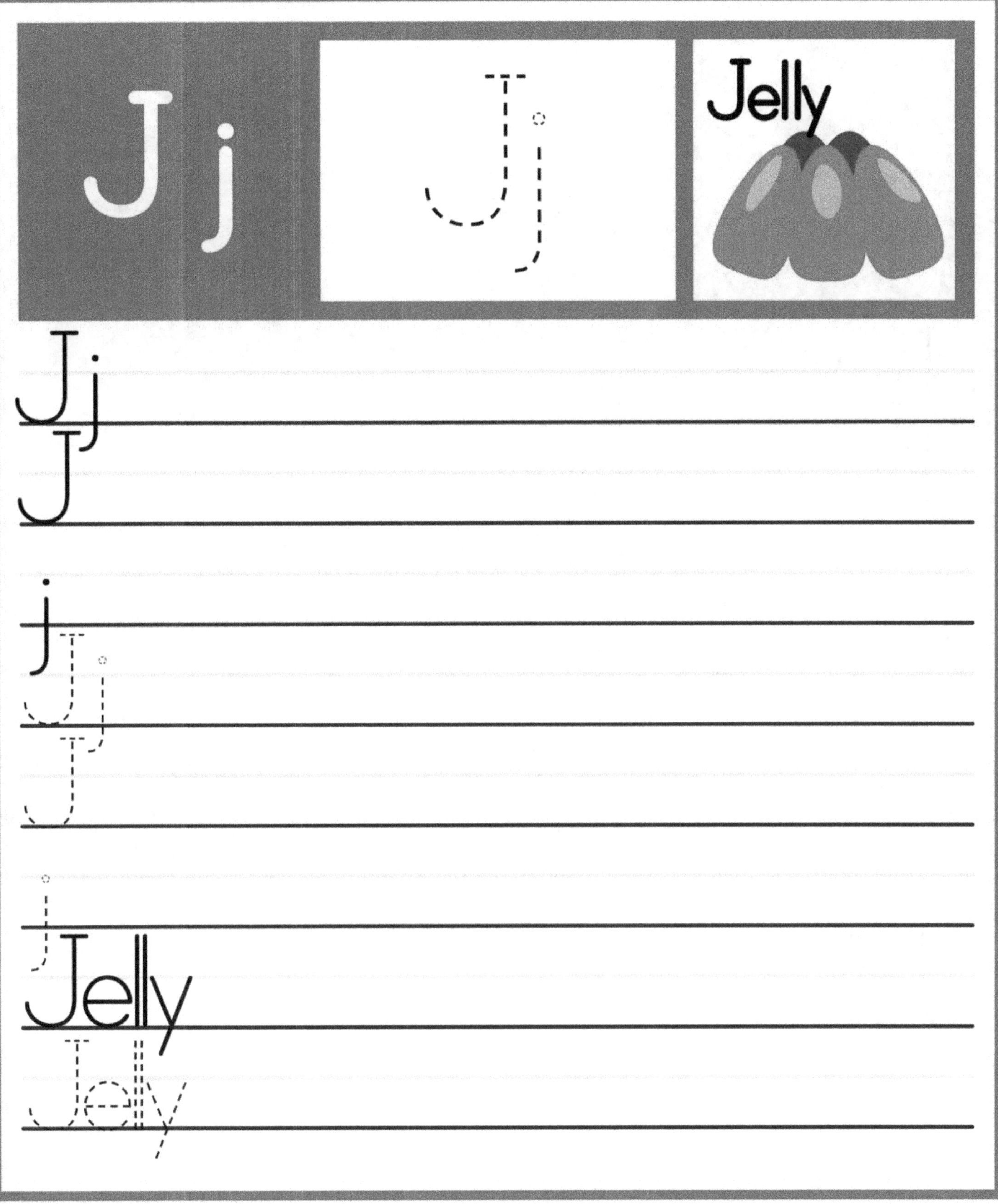
J j
Jelly
Jj
J
j
Jelly

Jj
Jj
Jelly
Jj
J
j
Jj
J
j
Jelly
Jelly

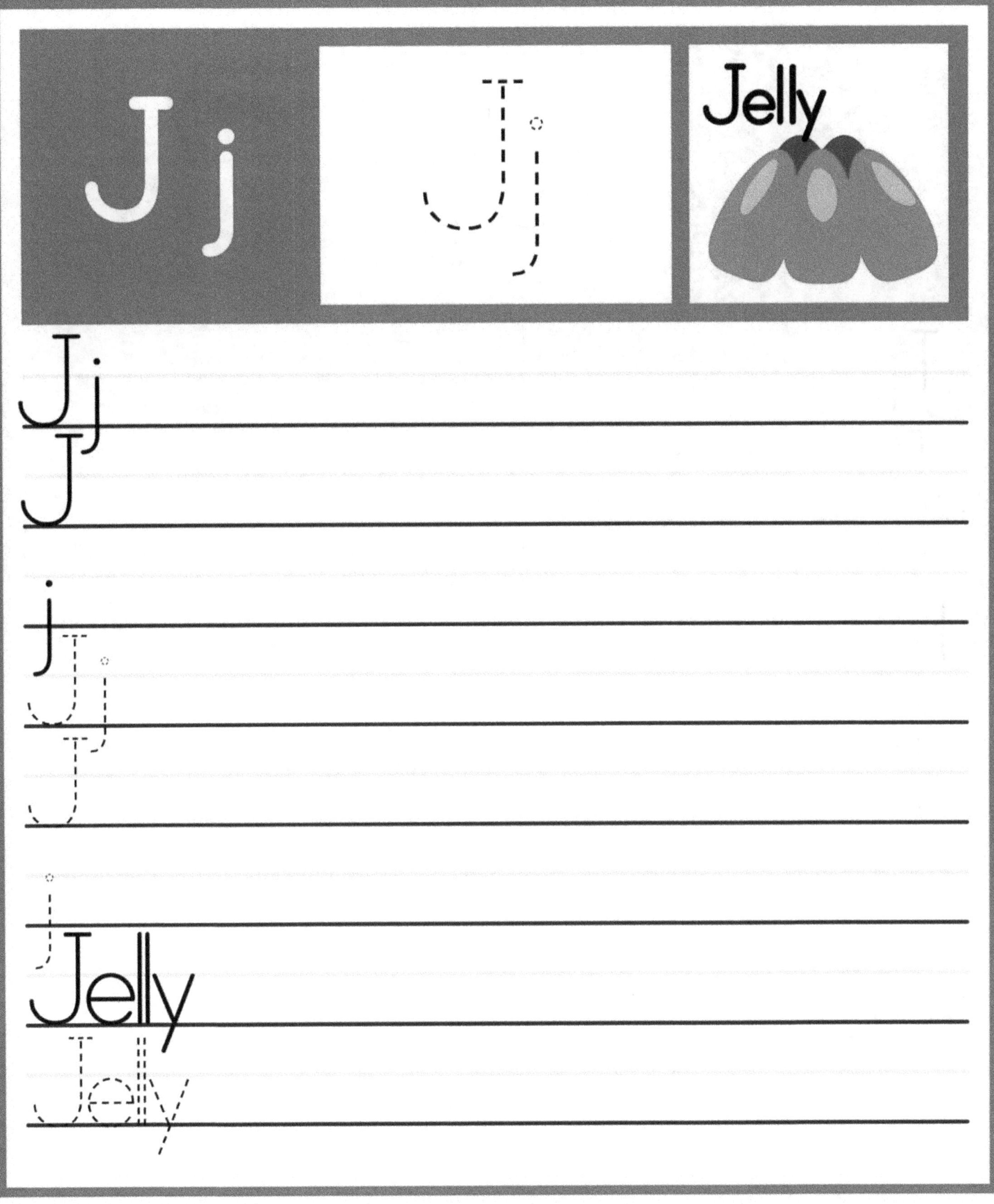

J j
J j
Jelly
J j
J
j
J
j
Jelly
Jelly

J j
Jelly
Jj
J
j
Jelly

Kk

Kk

Kiwi

Kk

K

k

Kk

K

k

Kiwi

Kiwi

Kk

Kk

Kiwi

Kk

K

k

Kk

K

k

Kiwi

Kiwi

Kk

Kk

Kiwi

Kk

K

k

Kk

K

k

Kiwi

Kiwi

Kk
Kk
Kiwi
Kk
K
k
Kk
K
k
Kiwi
Kiwi

Ll

Lamp

Ll

L

l

Ll

L

l

Lamp

Lamp

Ll

Ll

Lamp

Ll

L

l

Ll

L

l

Lamp

Lamp

Ll

Lamp

Ll

L

l

Lamp

Lamp

Ll

Ll

Lamp

Ll

L

l

Ll

L

l

Lamp

Lamp

Mm Mm

Mountain

Mm

M

m

Mm

M

m

Mountain

Mountain

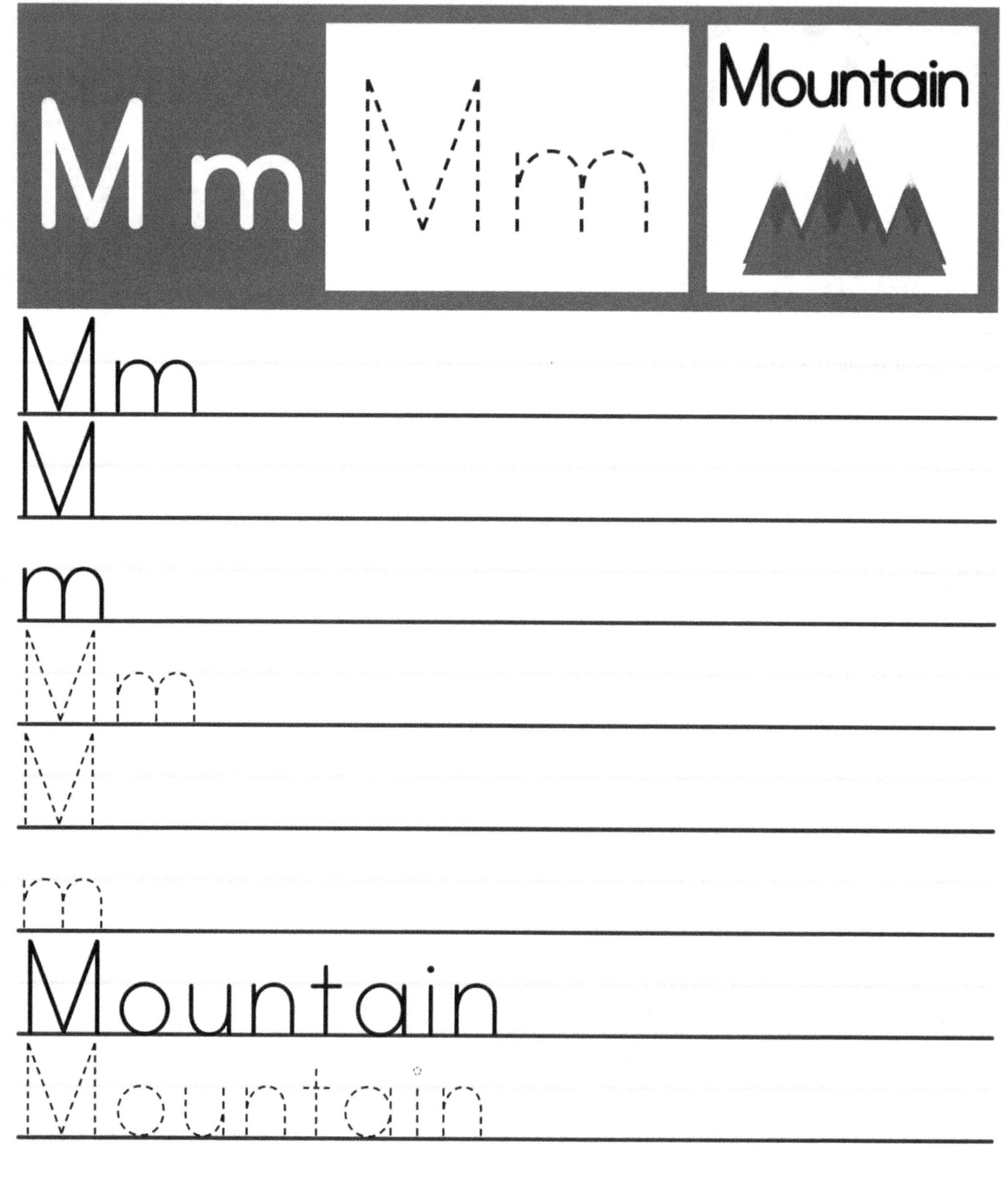

Mm
Mm
Mountain
Mm
M
m
Mm
M
m
Mountain
Mountain

Mm Mm Mountain

Mm

M

m

Mm

M

m

Mountain

Mountain

Mm Mm

Mountain

Mm

M

m

Mm

M

m

Mountain

Mountain

Nn

Nn

Notes

Nn

N

n

Nn

N

n

Notes

Notes

Nn

Nn

Notes

Nn

N

n

Nn

N

n

Notes

Notes

Nn

Nn

Notes

Nn

N

n

Nn

N

n

Notes

Notes

Nn

Nn

Notes

Nn

N

n

Nn

N

n

Notes

Notes

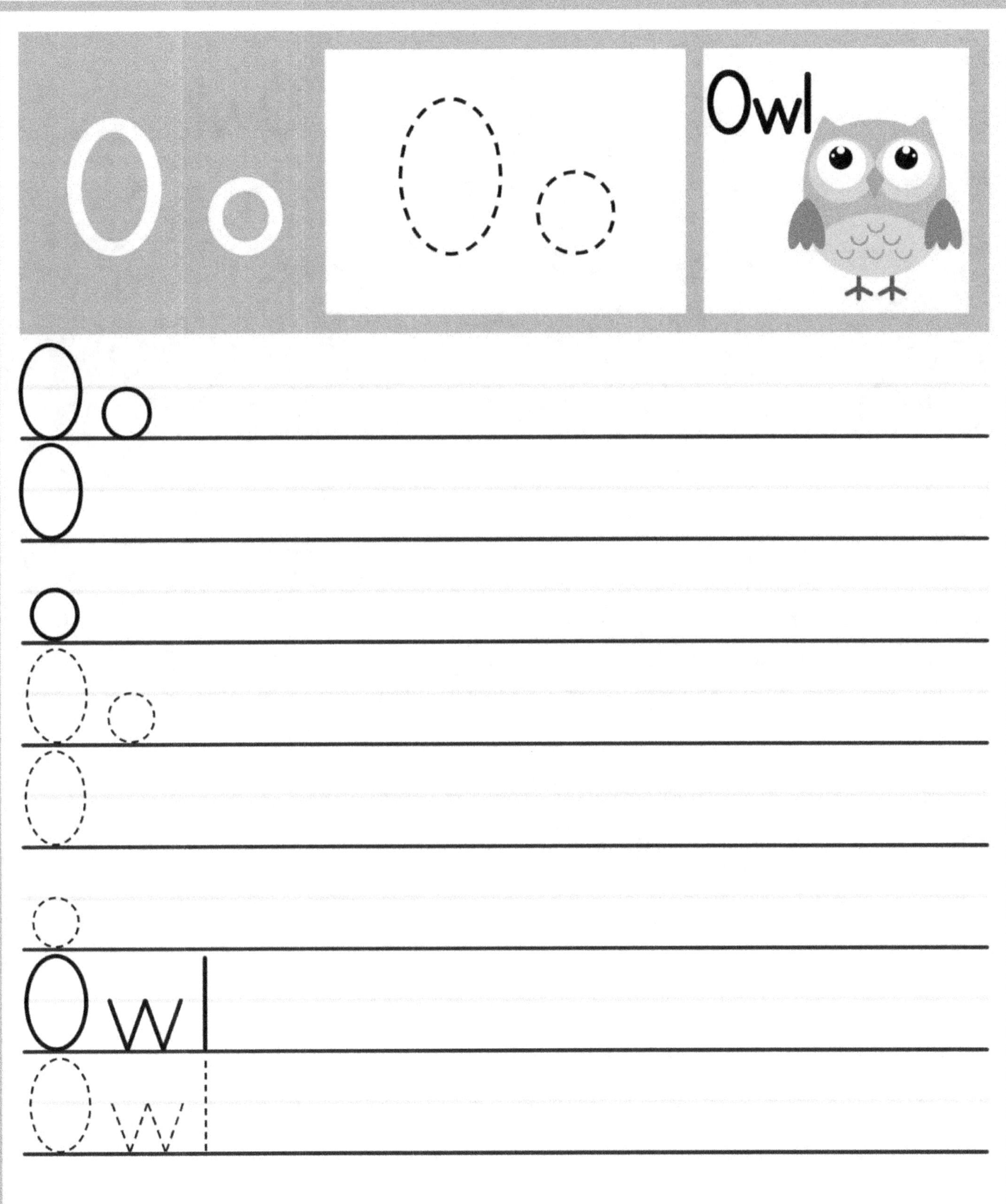
Oo
Owl
Oo
O
o
Oo
O
o
Owl
Owl

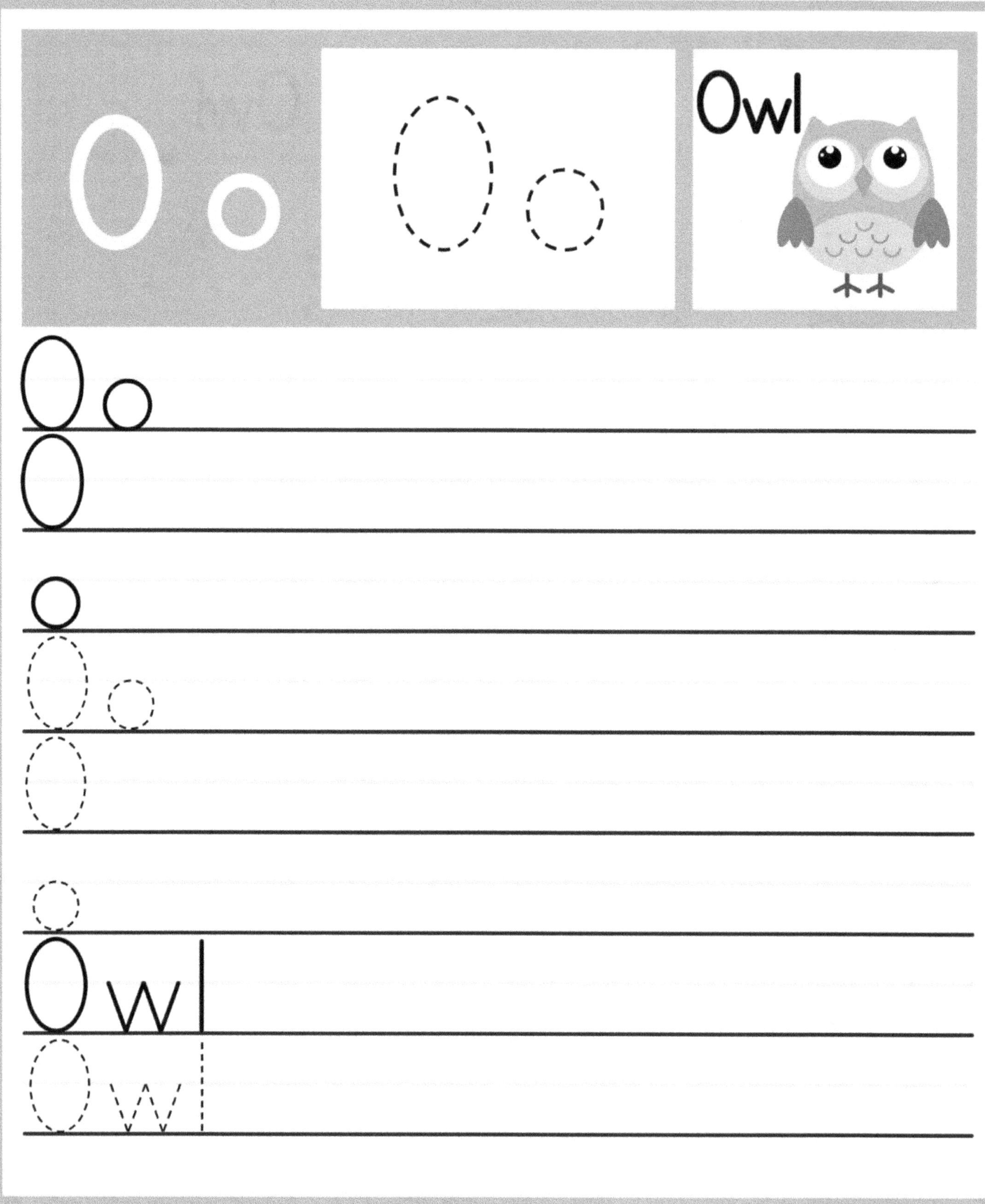
Oo
Oo
Owl
Oo
O
o
Oo
O
o
Owl
Owl

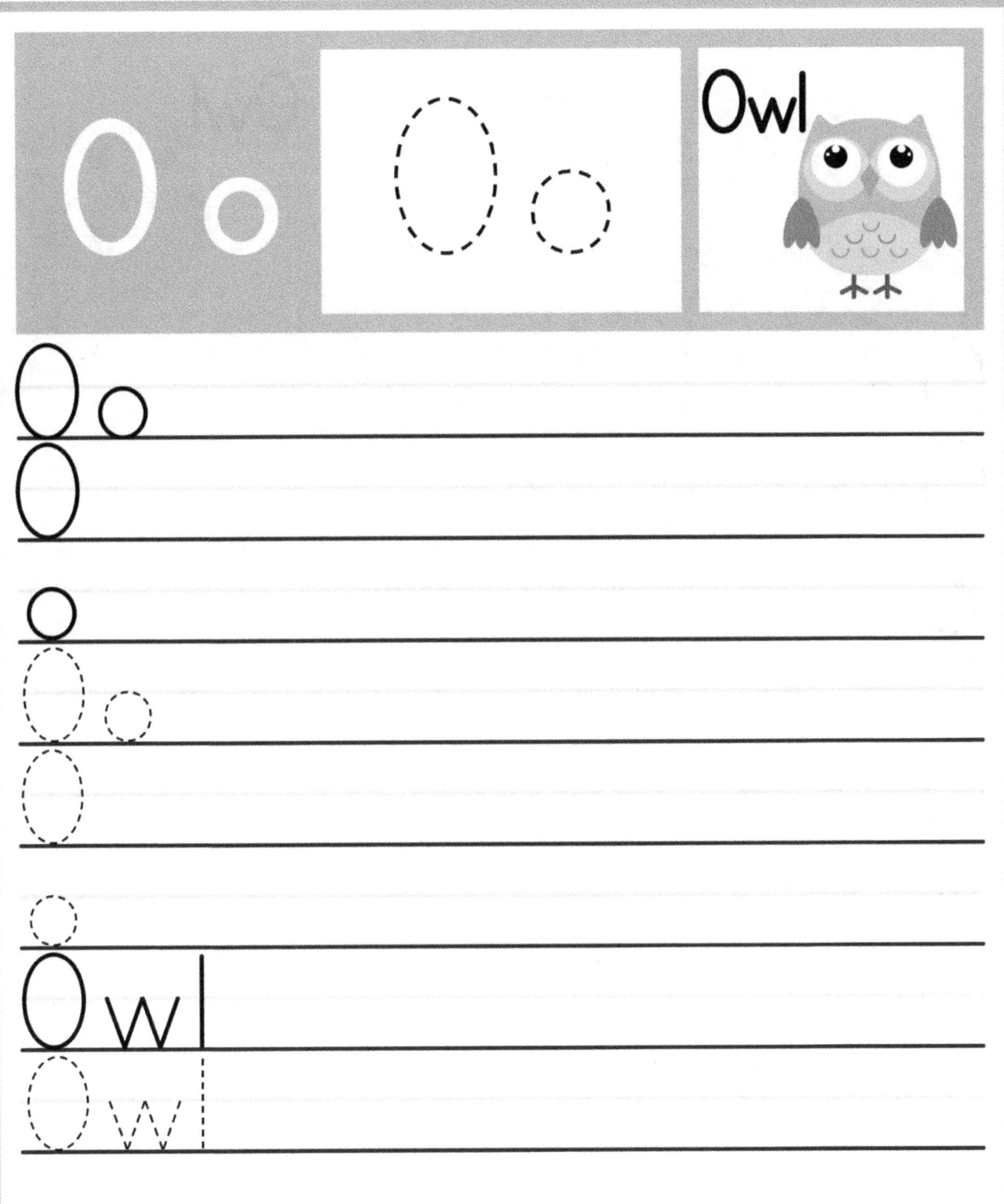
Oo
Oo
Owl
Oo
O
o
Oo
O
o
Owl
Owl

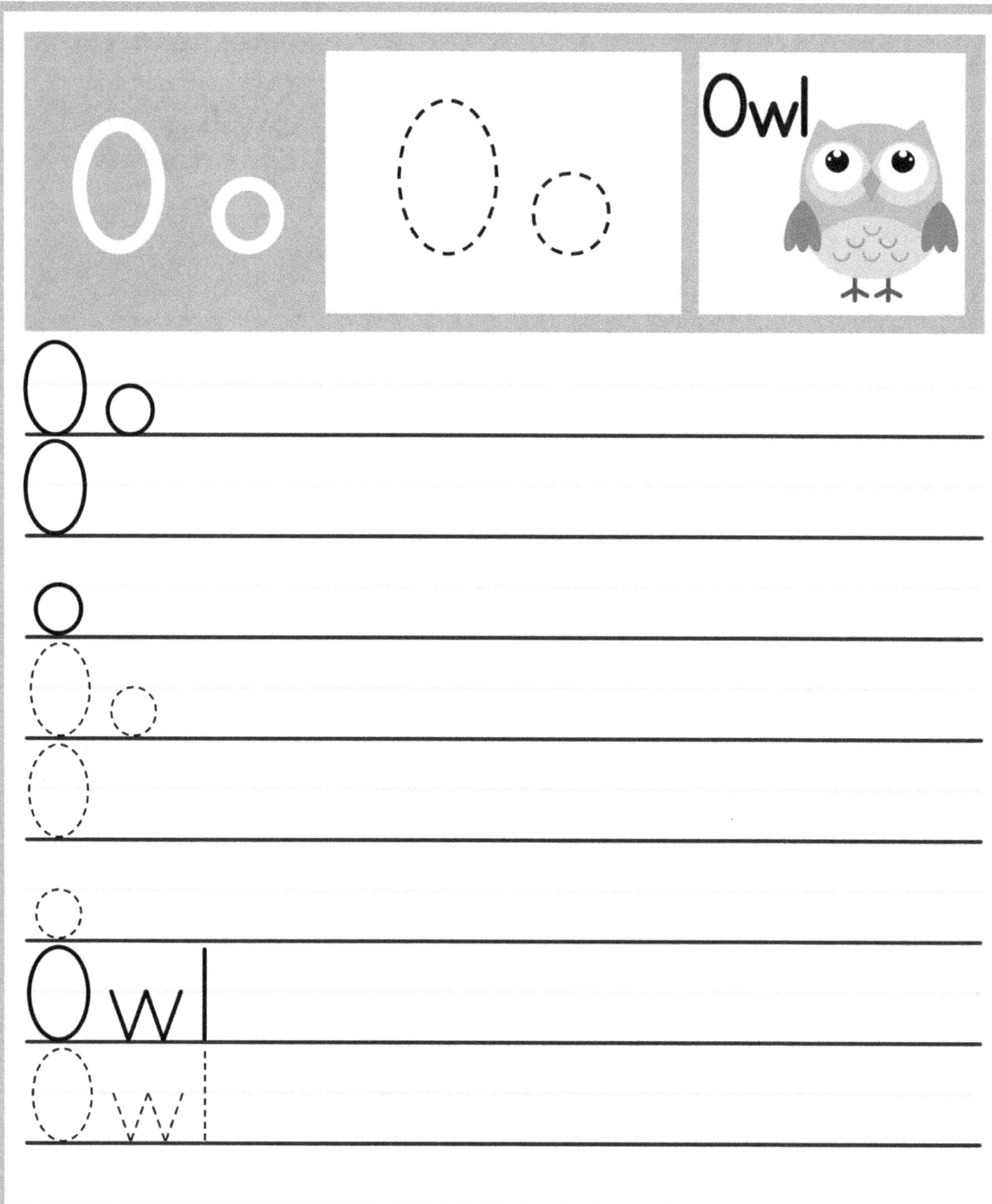

Oo
Owl
Oo
O
o
Owl

P p

P p

Phone

Pp

P

p

Pp

P

p

Phone

Phone

P p

Pp

Phone

Pp

P

p

Pp

P

p

Phone

Phone

P p

P p

Phone

Pp

P

p

P p

P

p

Phone

Phone

Pp
Pp
Phone
Pp
P
p
Pp
P
p
Phone
Phone

Q q

Q q

Queen

Qq

Q

q

Qq

Q

q

Queen

Queen

Q q

Q q

Queen

Qq

Q

q

Qq

Q

q

Queen

Queen

Q q

Q q

Queen

Qq

Q

q

Q q

Q

q

Queen

Queen

Q q

Q q

Queen

Qq

Q

q

Q q

Q

q

Queen

Queen

Rr

Rr

Rainbow

Rr

R

r

Rr

R

r

Rainbow

Rainbow

Rr

Rr

Rainbow

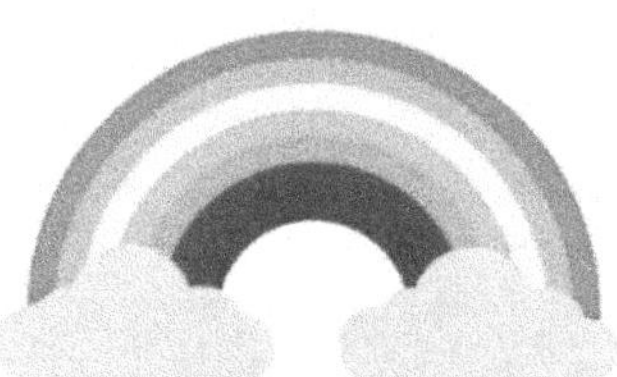

Rr

R

r

Rr

R

r

Rainbow

Rainbow

Rr

Rr

Rainbow

Rr

R

r

Rr

R

r

Rainbow

Rainbow

Rr

Rr

Rainbow

Rr

R

r

Rr

R

r

Rainbow

Rainbow

Ss

Ss

Star

Ss

S

s

Ss

S

s

Star

Star

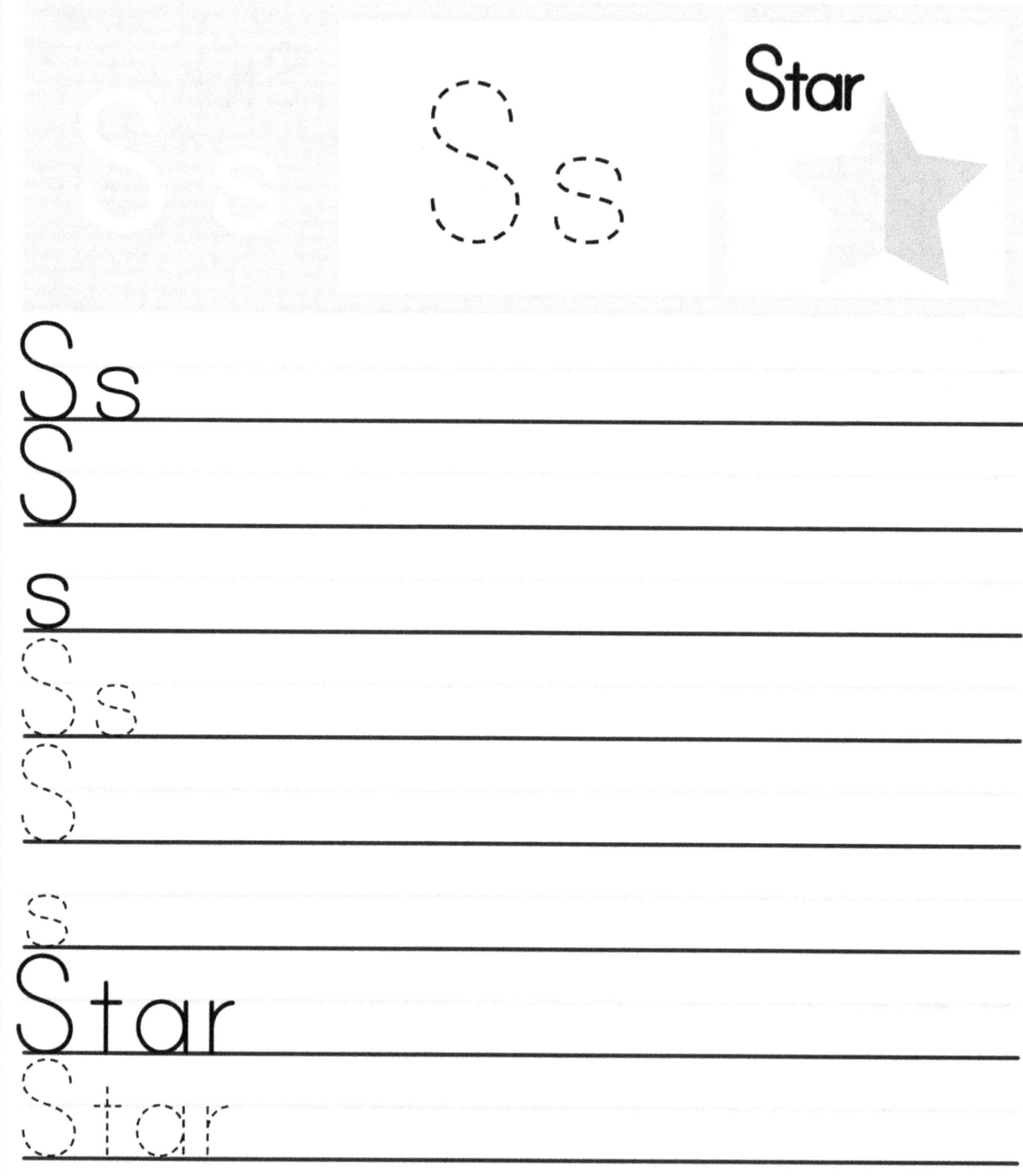

Ss
Star
Ss
S
s
Ss
S
s
Star
Star

Ss

Ss

Star

Ss

S

s

Ss

S

s

Star

Star

Ss
Ss
Star
Ss
S
s
Ss
S
s
Star
Star

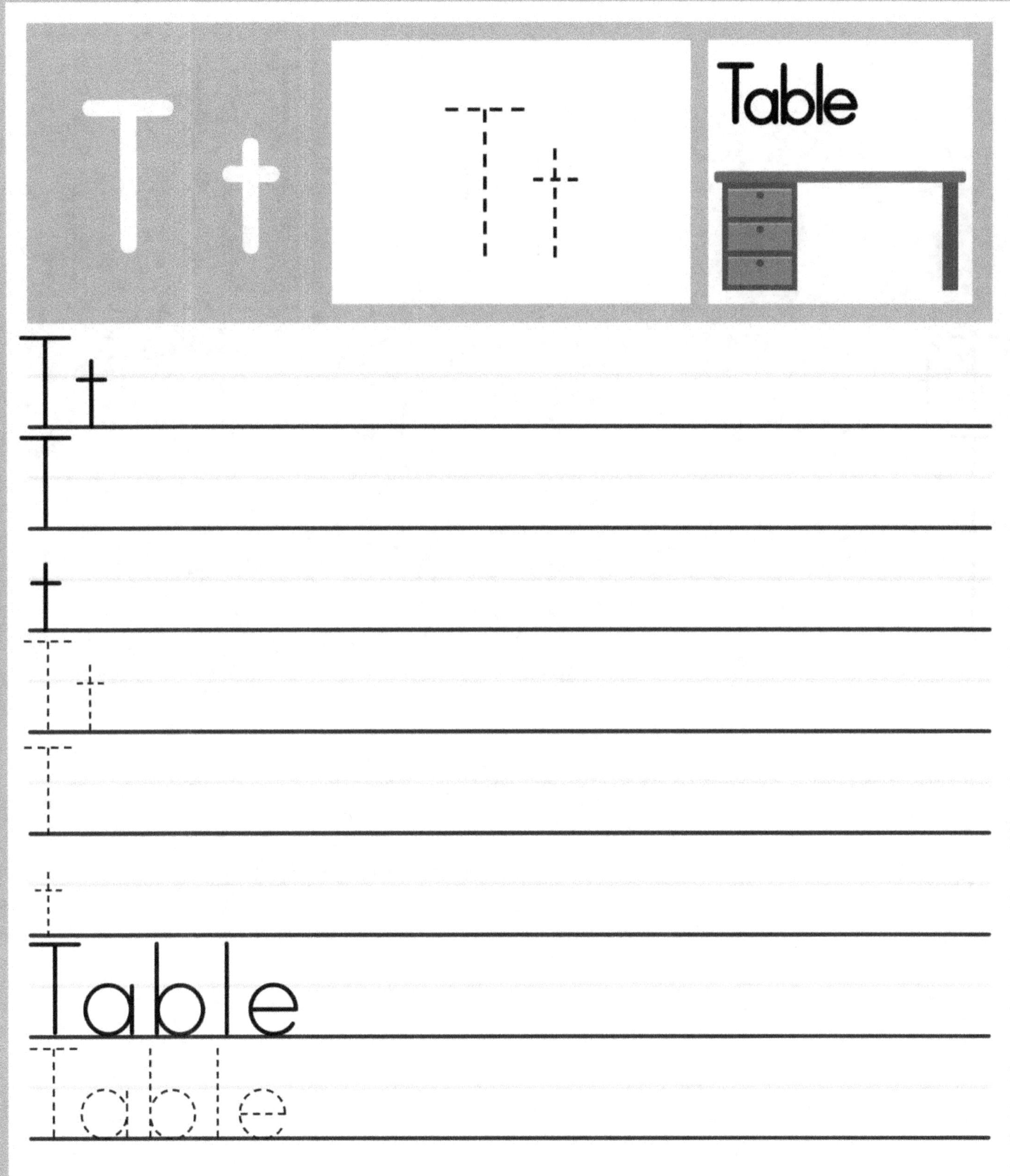
T t
T t
Table
T t
T
t
T t
T
t
Table
Table

Tt
Tt
Table
Tt
T
t
Tt
T
t
Table
Table

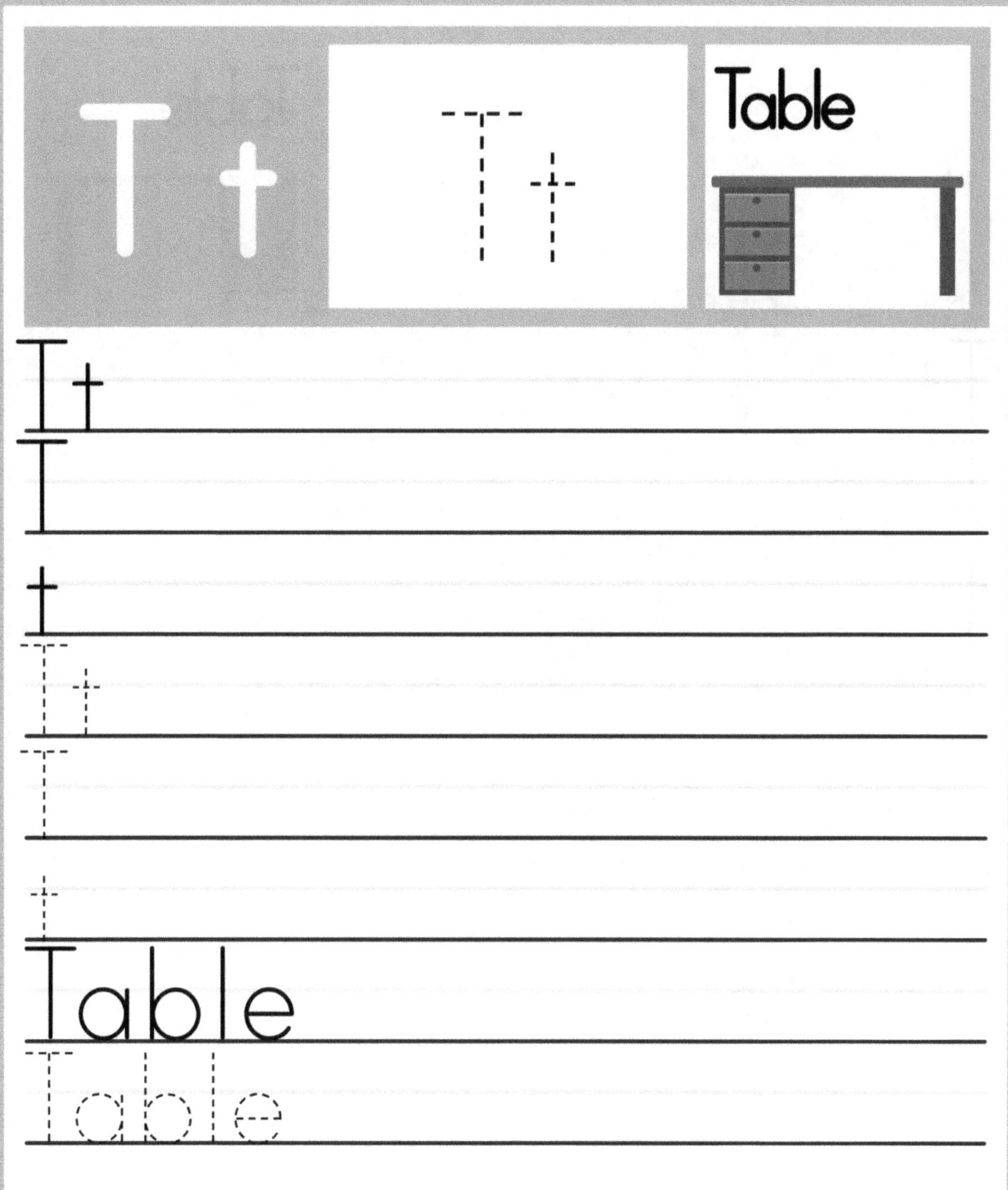

Tt
Tt
Table
Tt
T
t
Tt
T
t
Table
Table

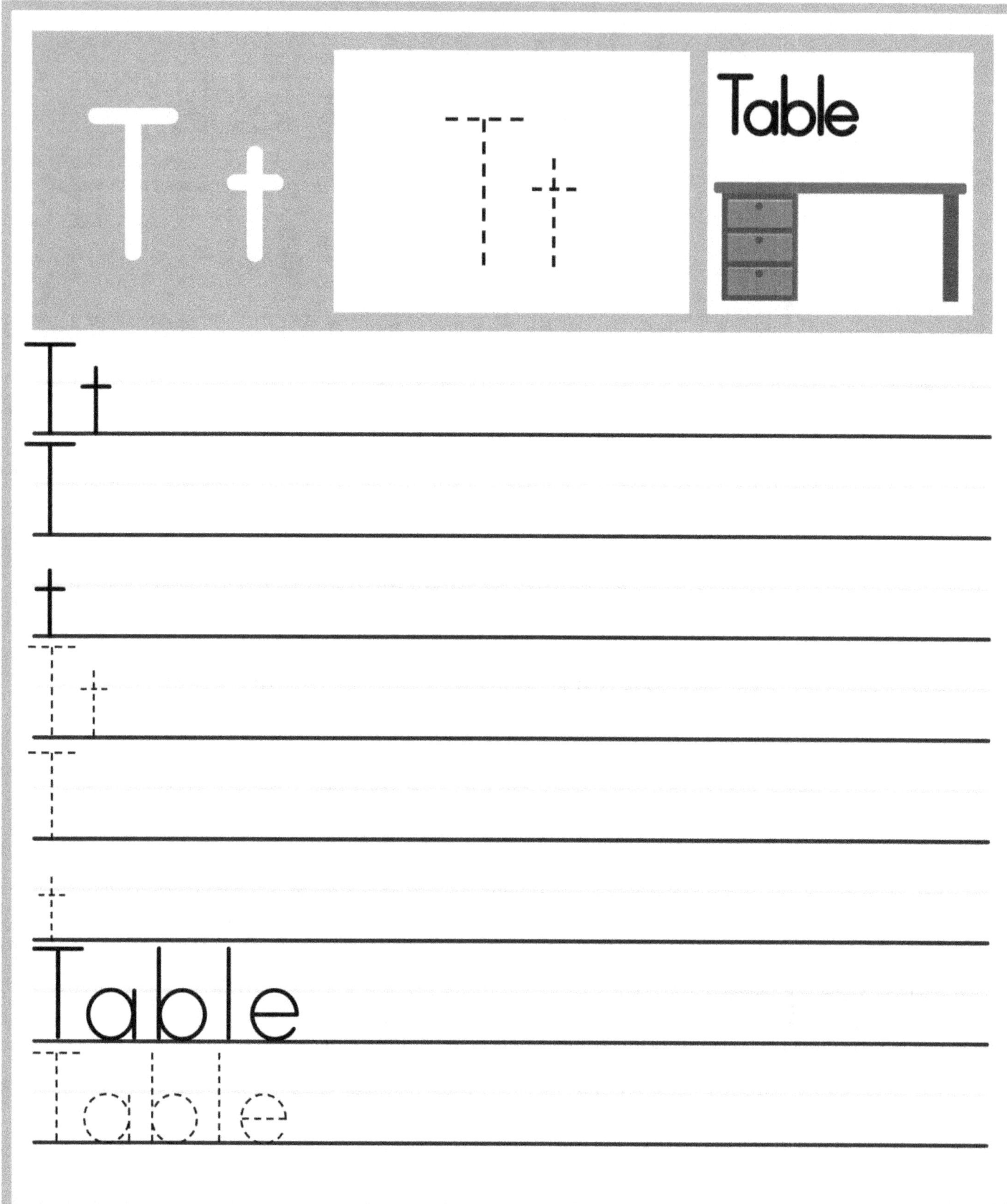

T t
T t
Table
T t
T
t
T t
T
t
Table
Table

U u

U u

Umbrella

Uu

U

u

U u

U

u

Umbrella

Umbrella

U u

U u

Umbrella

U u

U

u

U u

U

u

Umbrella

Umbrella

Uu Uu Umbrella

Uu

U

u

Uu

U

u

Umbrella

Umbrella

U u

Uu

Umbrella

Uu

U

u

Uu

U

u

Umbrella

Umbrella

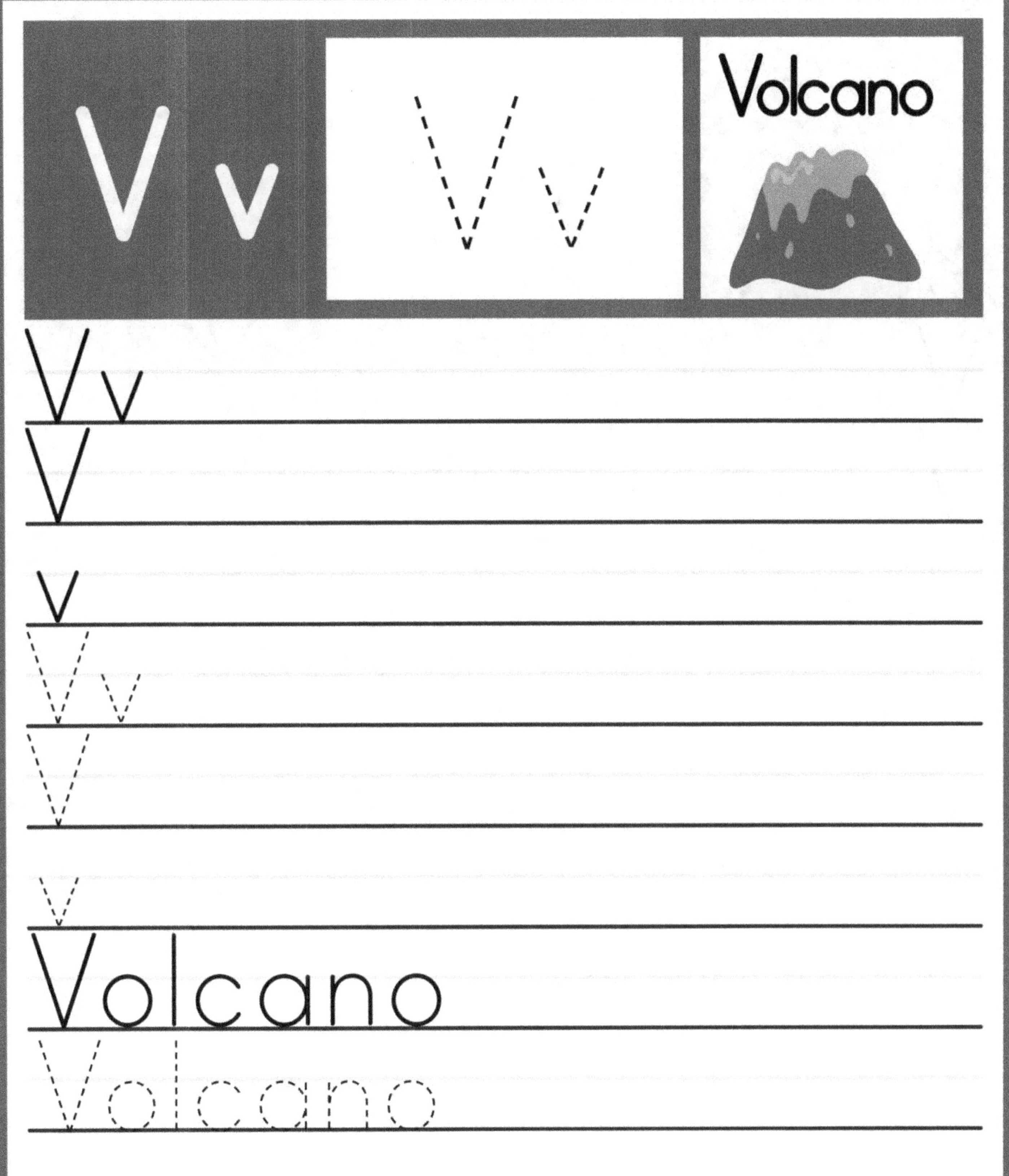
V v
V v
Volcano
Vv
V
v
V v
V
v
Volcano
Volcano

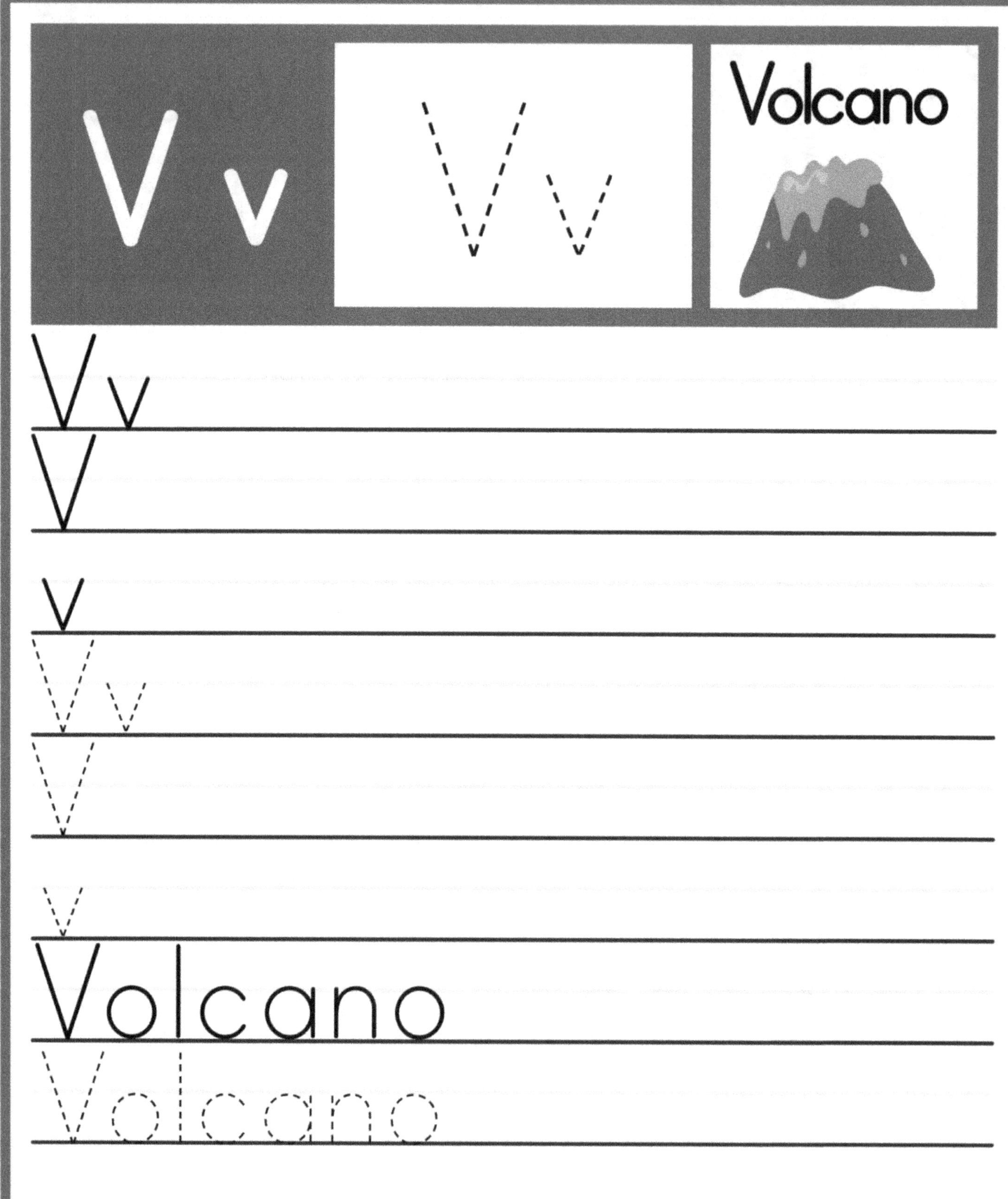
V v
V v
Volcano
Vv
V
v
V v
V
v
Volcano
Volcano

V v

V v

Volcano

V v

V

v

V v

V

v

Volcano

Volcano

V v

V v

Volcano

V v

V

v

V v

V

v

Volcano

Volcano

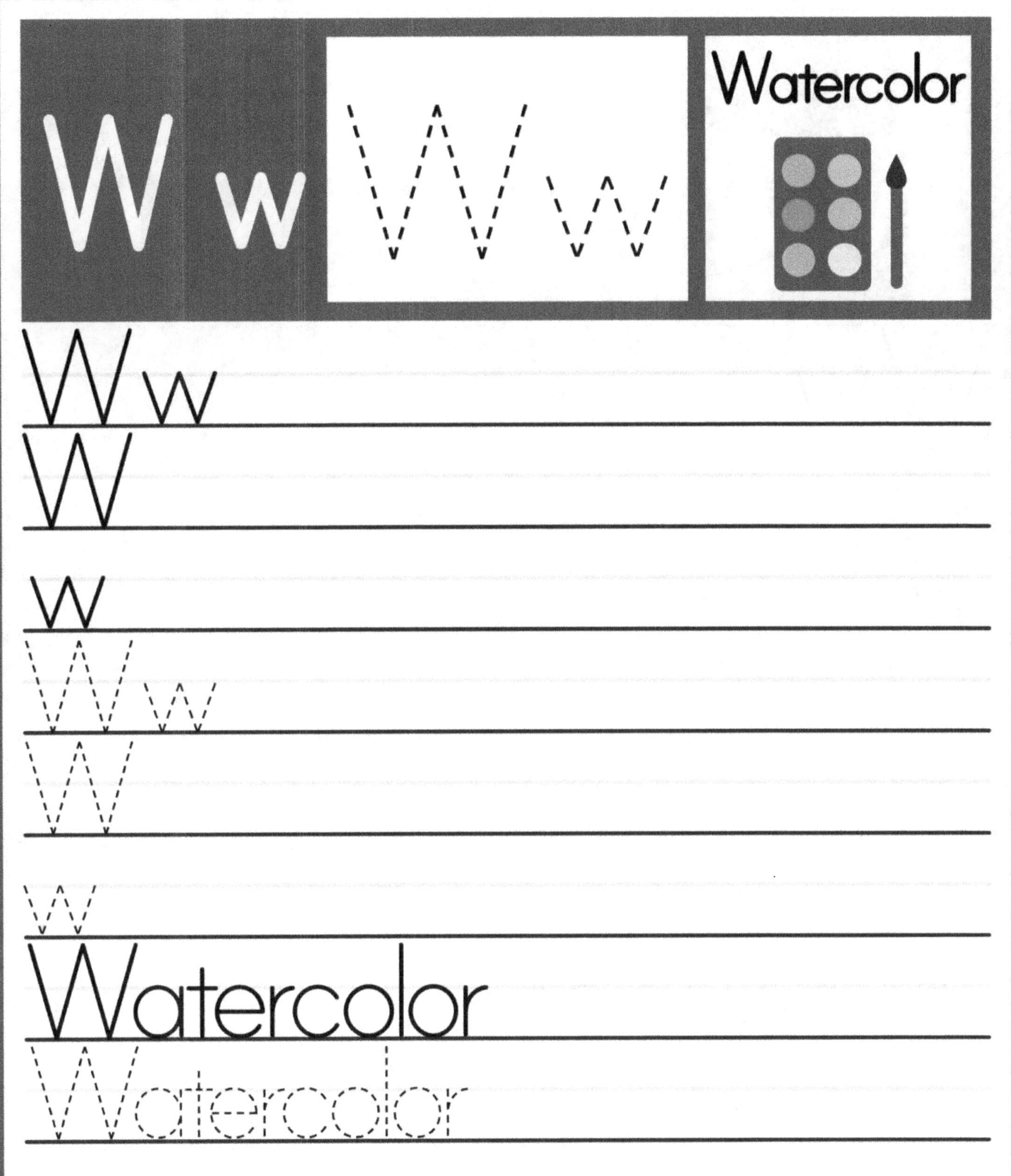

W w
W w
Watercolor
Ww
W
w
Ww
W
w
Watercolor
Watercolor

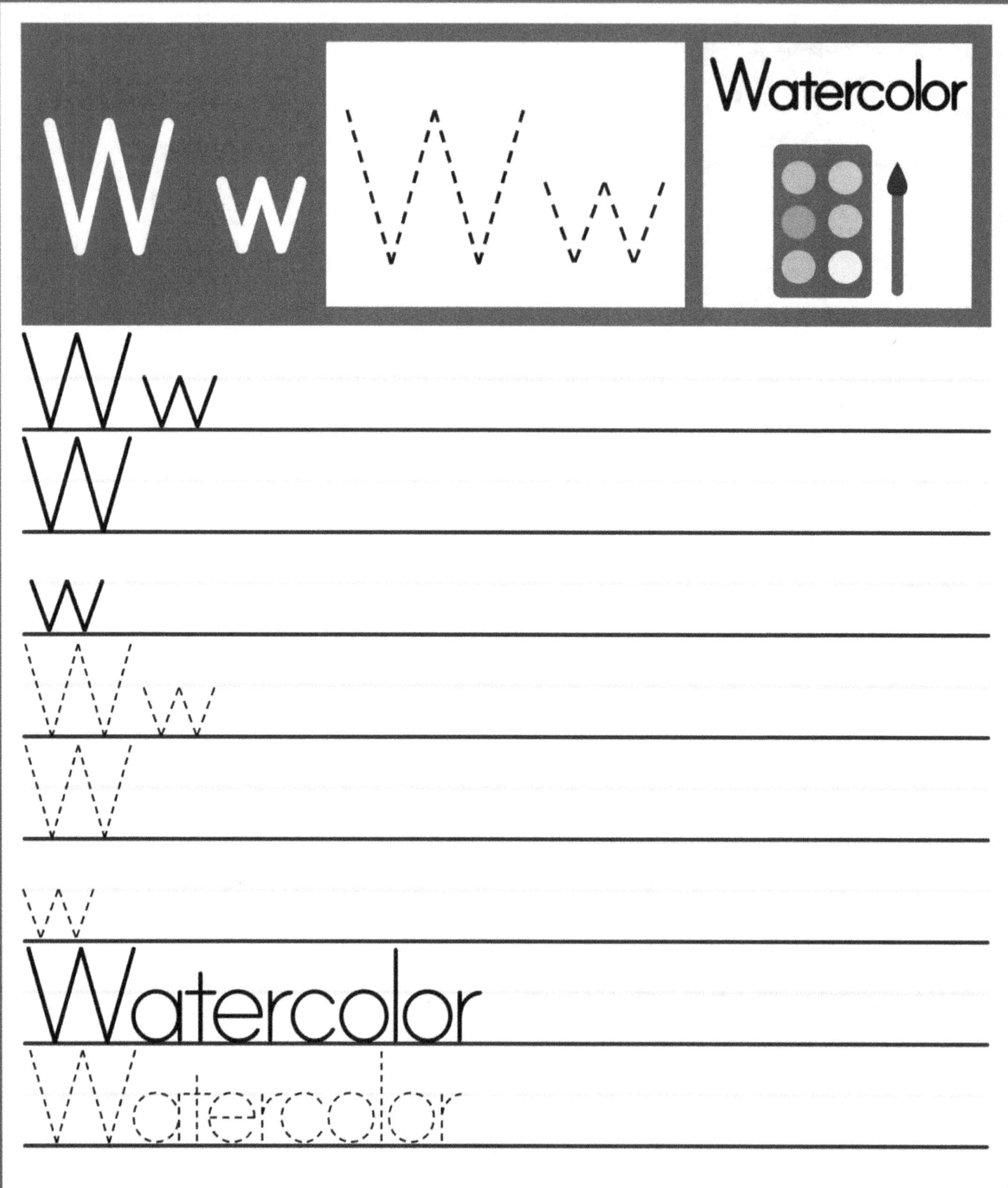
W w
Watercolor
Ww
W
w
Watercolor

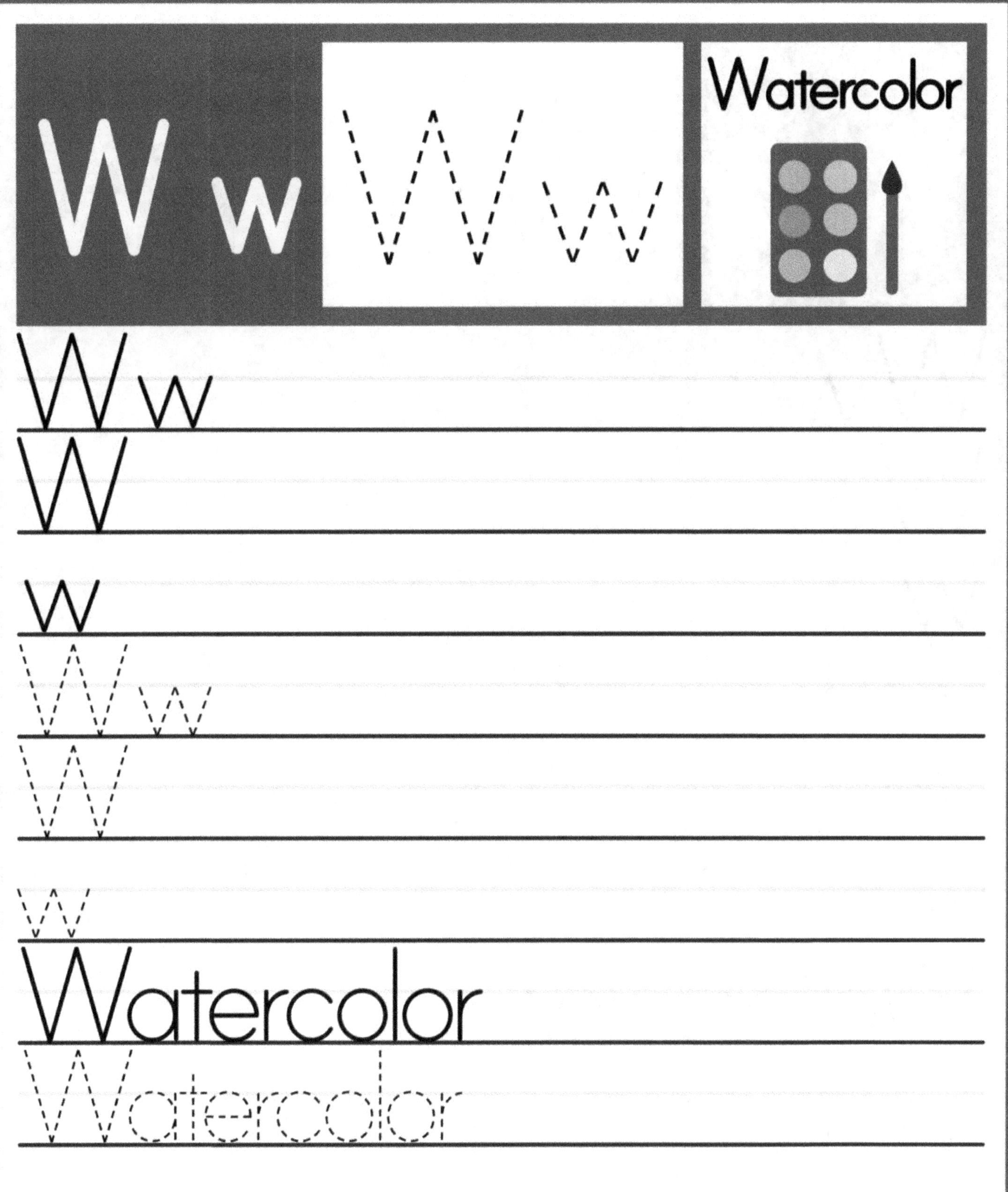

W w
W w
Watercolor
Ww
W
w
Ww
W
w
Watercolor
Watercolor

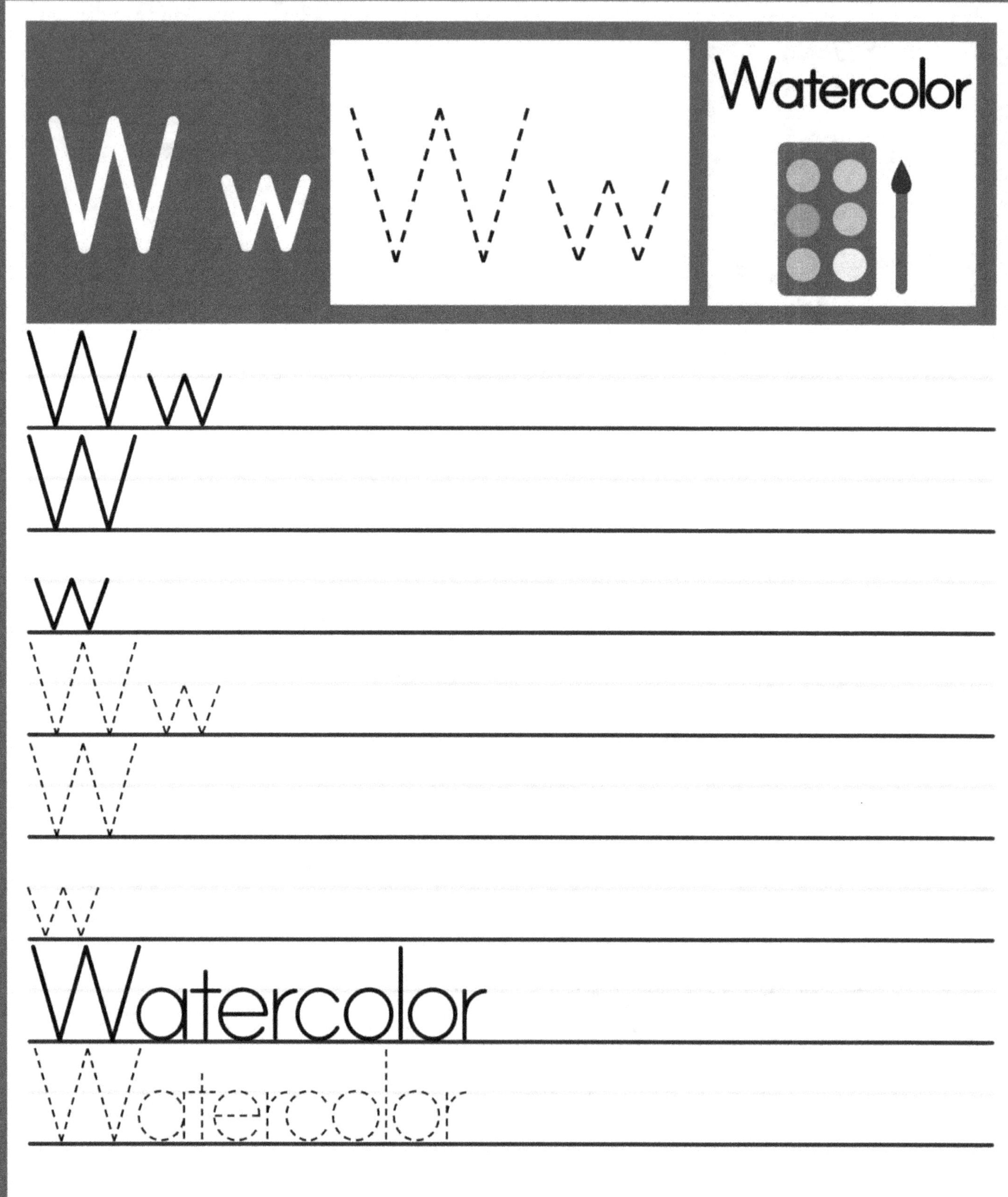

W w
W w
Watercolor
Ww
W
w
Ww
W
w
Watercolor
Watercolor

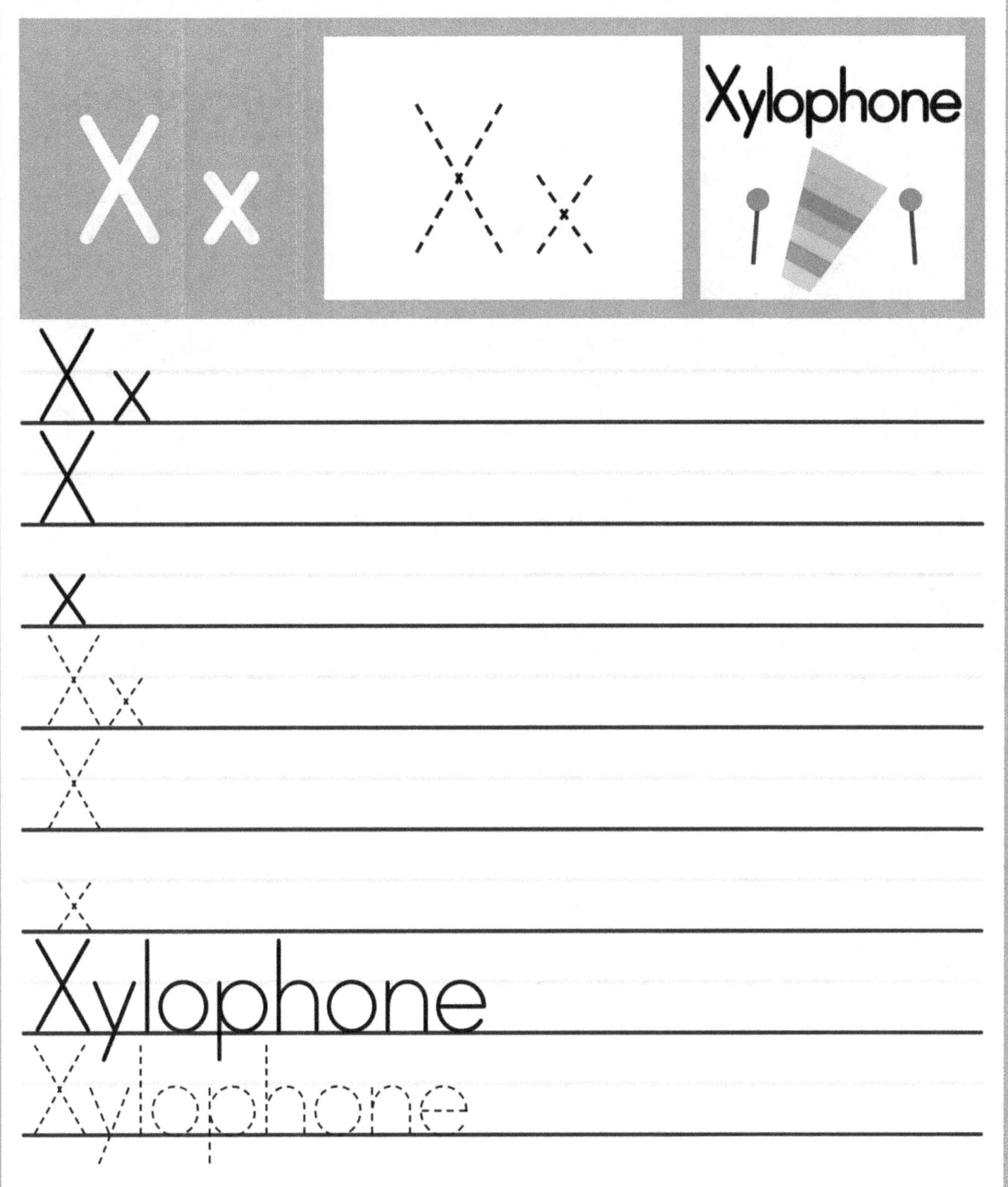
Xx
Xx
Xylophone
Xx
X
x
Xx
X
x
Xylophone
Xylophone

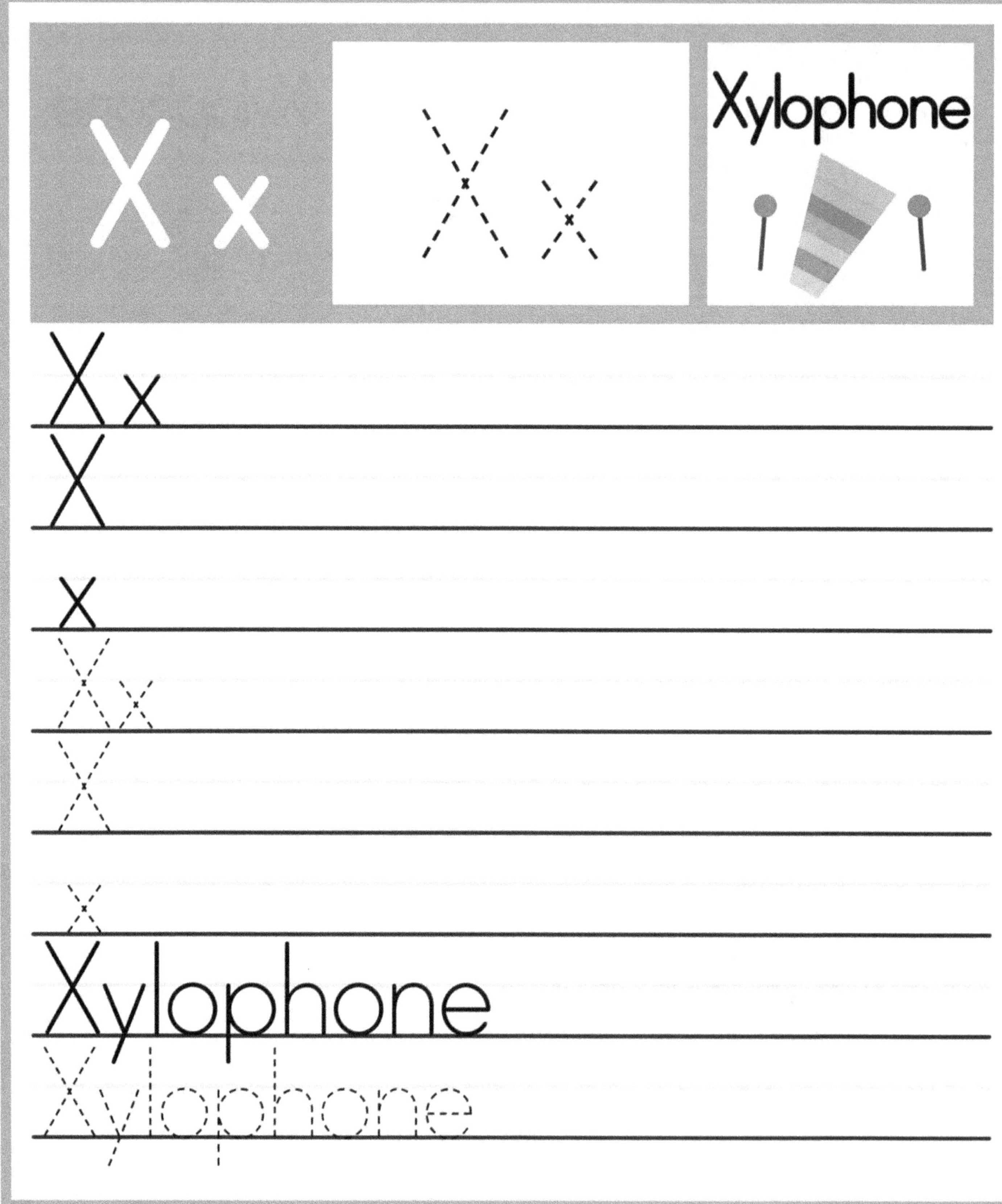

Xx
Xylophone
Xx
X
x
Xylophone

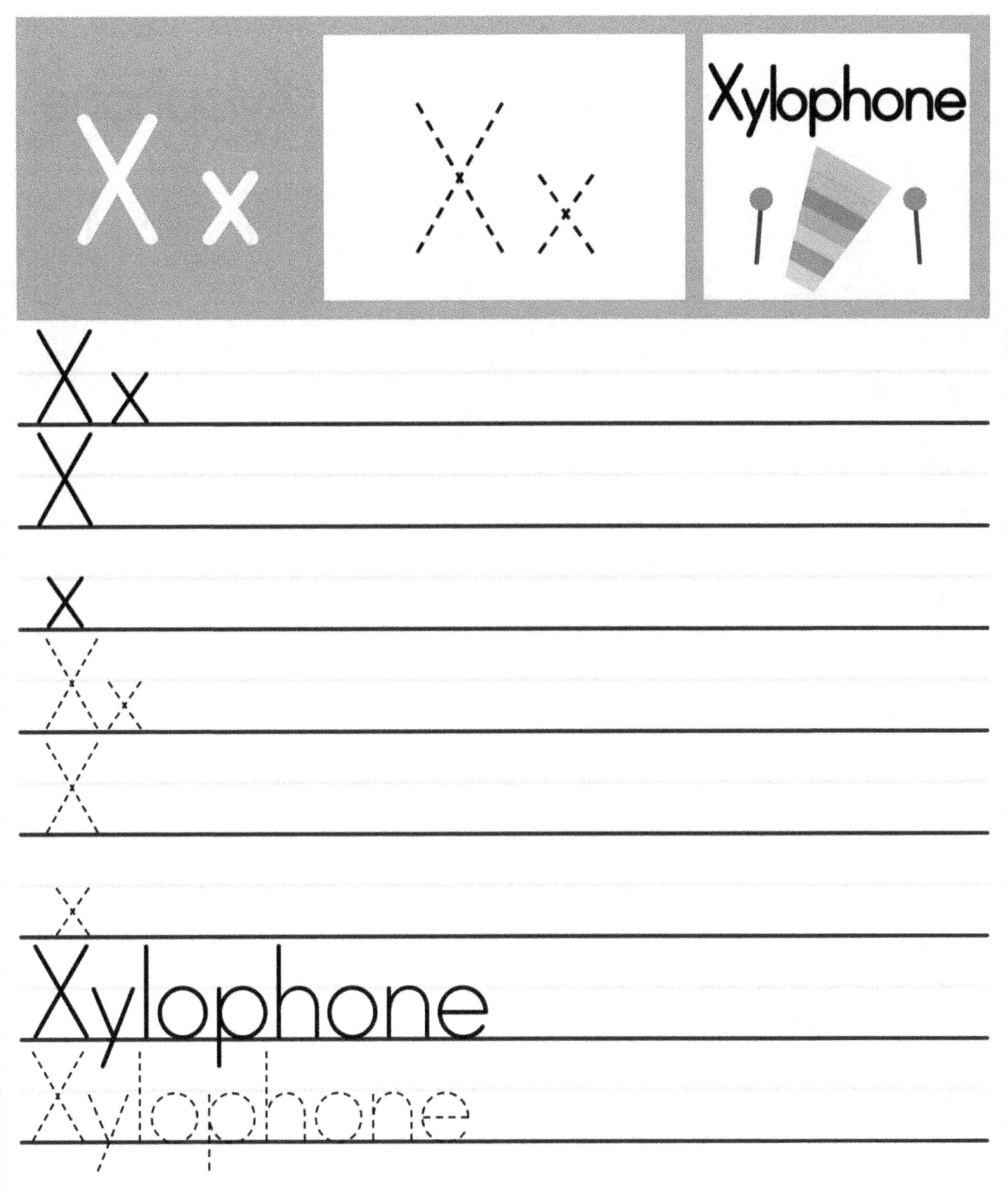
X x
X x
Xylophone
Xx
X
x
Xx
X
x
Xylophone
Xylophone

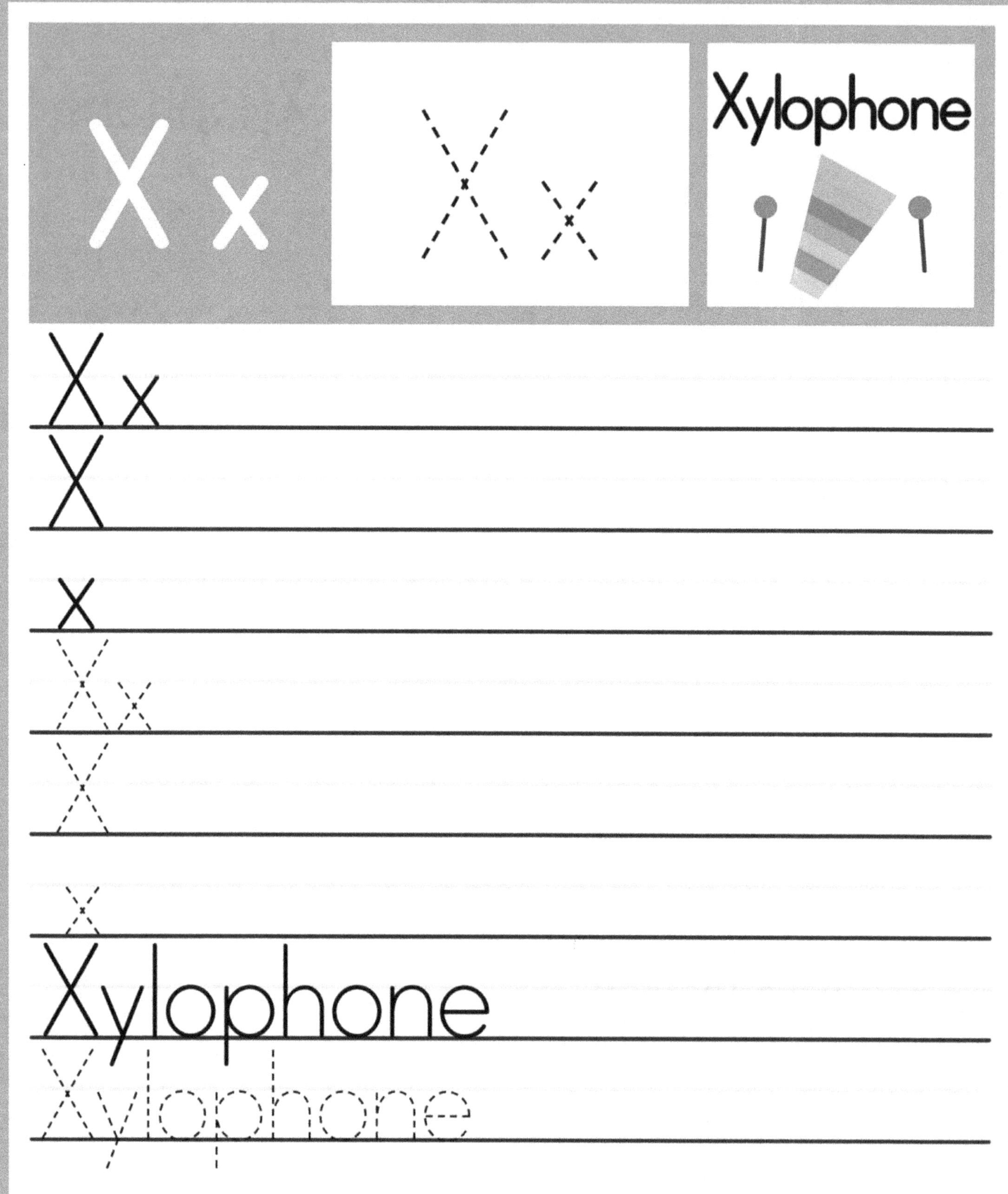
Xx
Xx
Xylophone
Xx
X
x
Xx
X
x
Xylophone
Xylophone

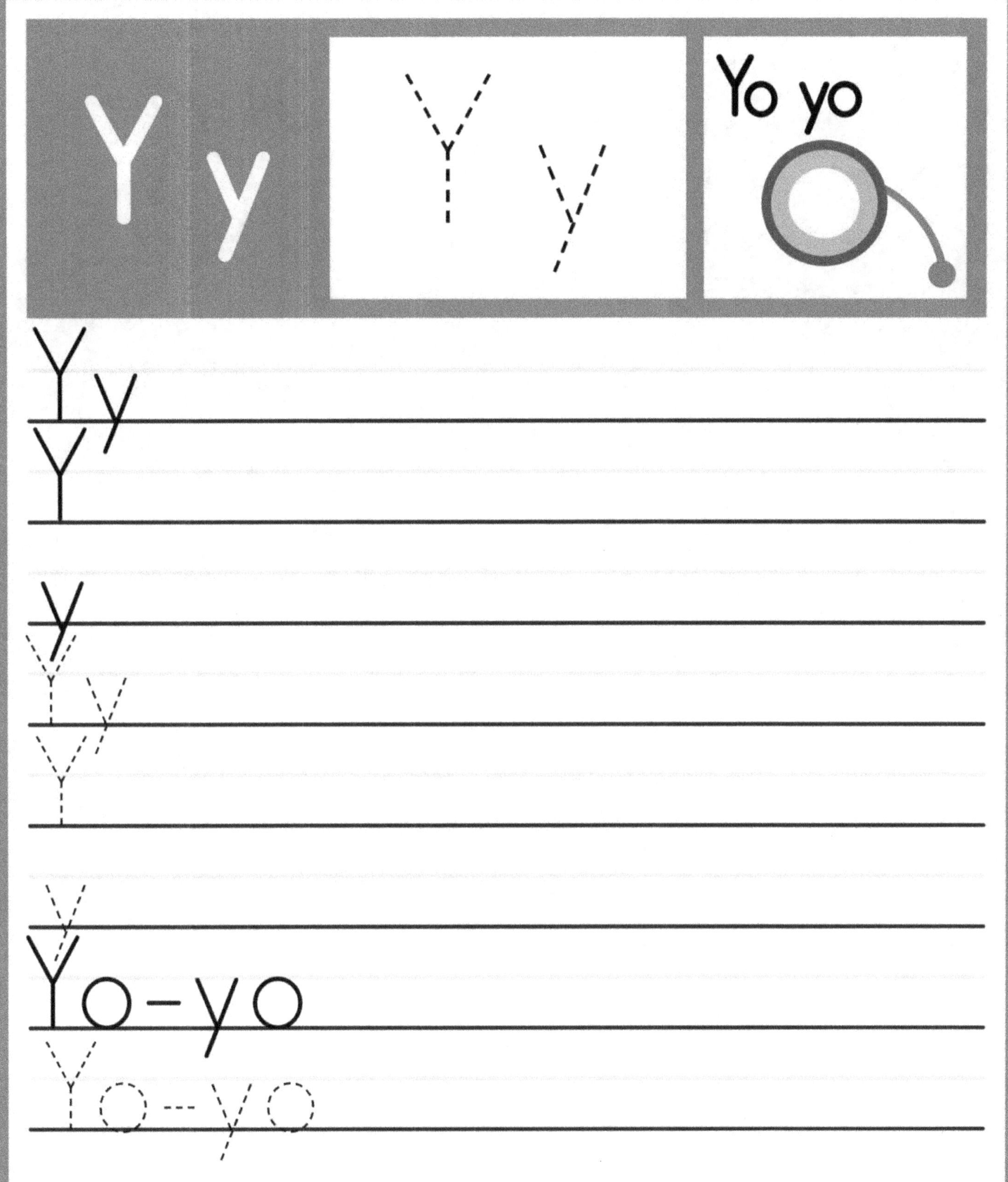
Yy
Yo yo
Yy
Y
y
Yo-yo

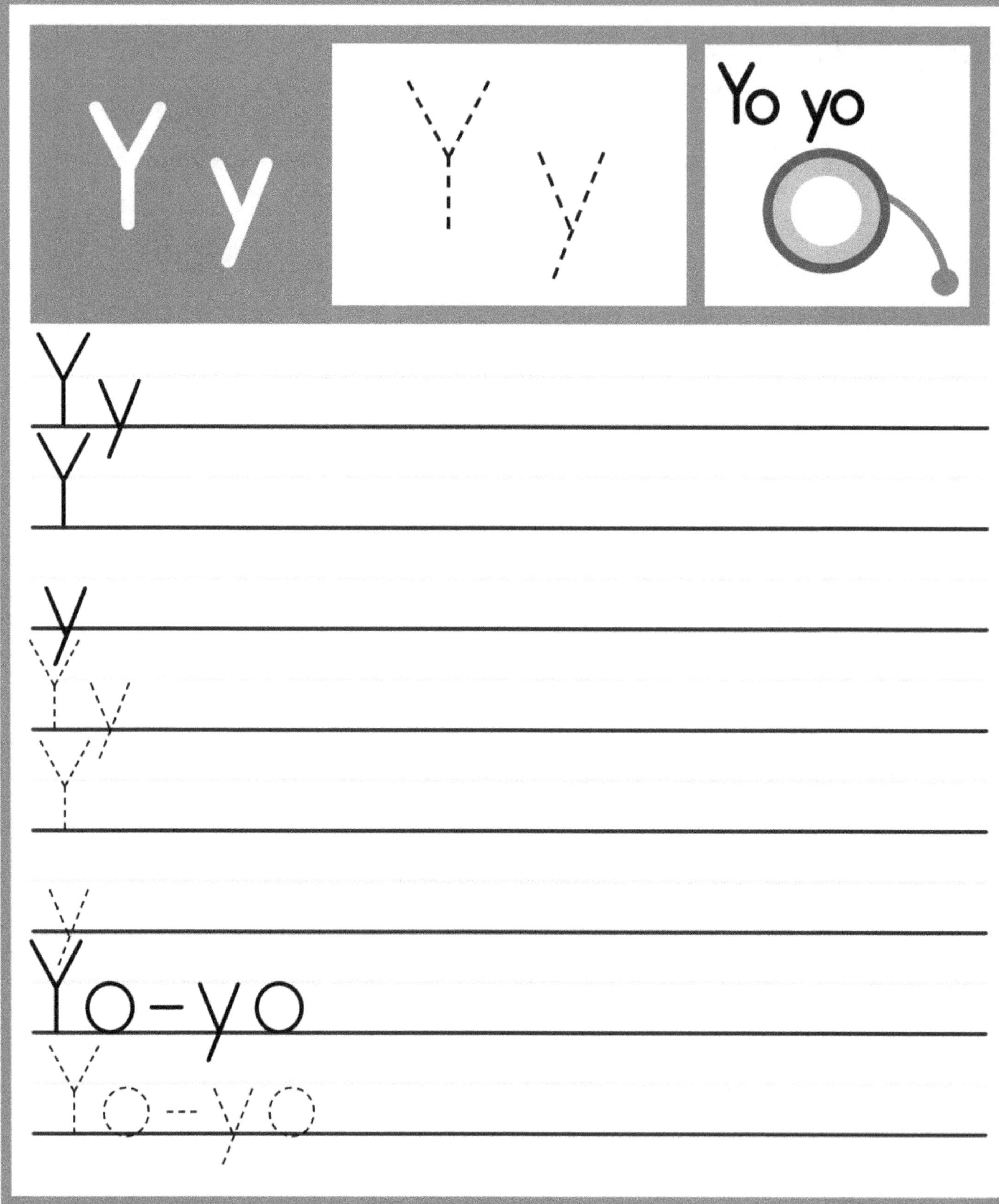
Y y
Yo yo
Yo-yo

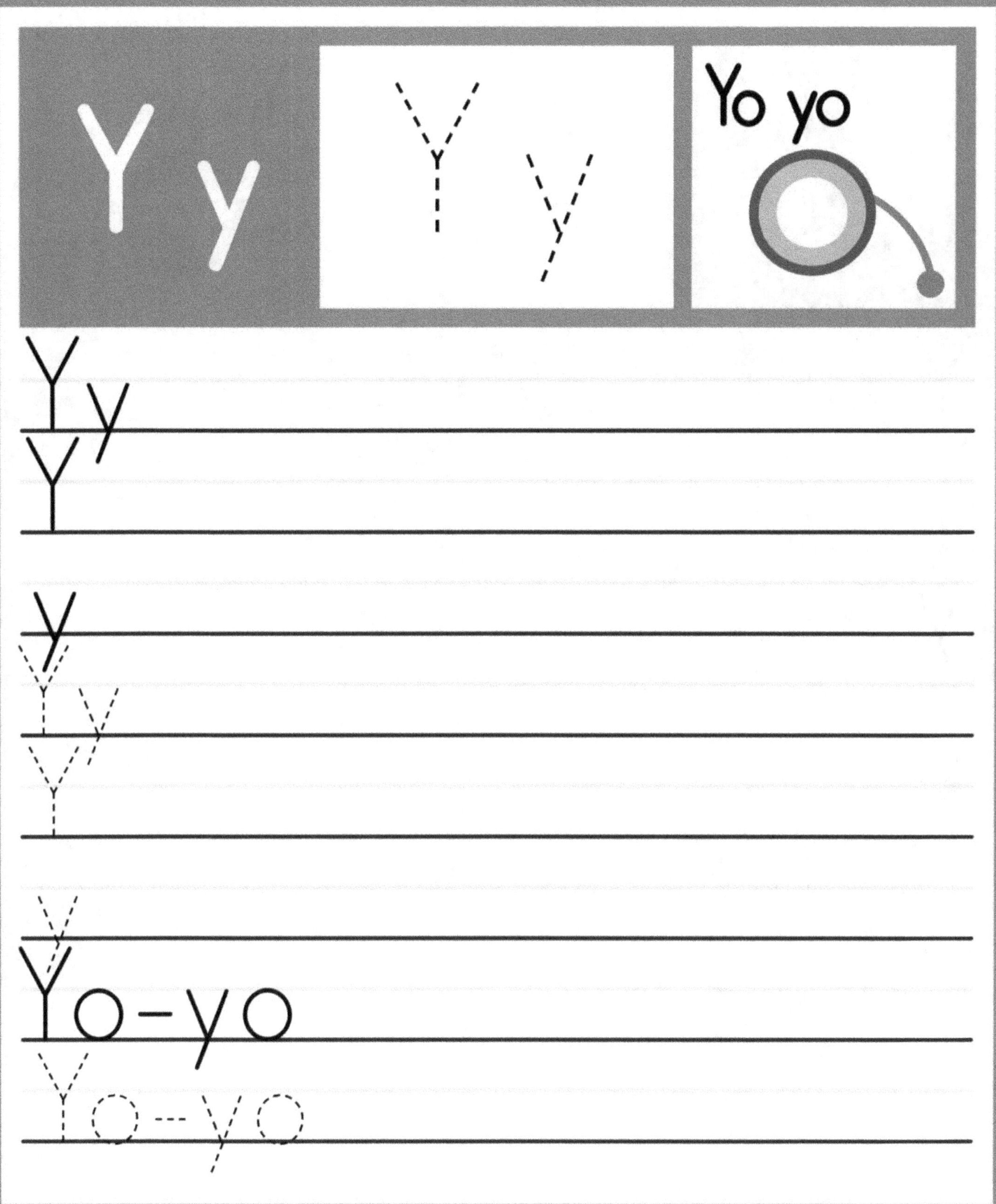
Y y
Yo yo
Y
Y y
Y
y
Yo-yo

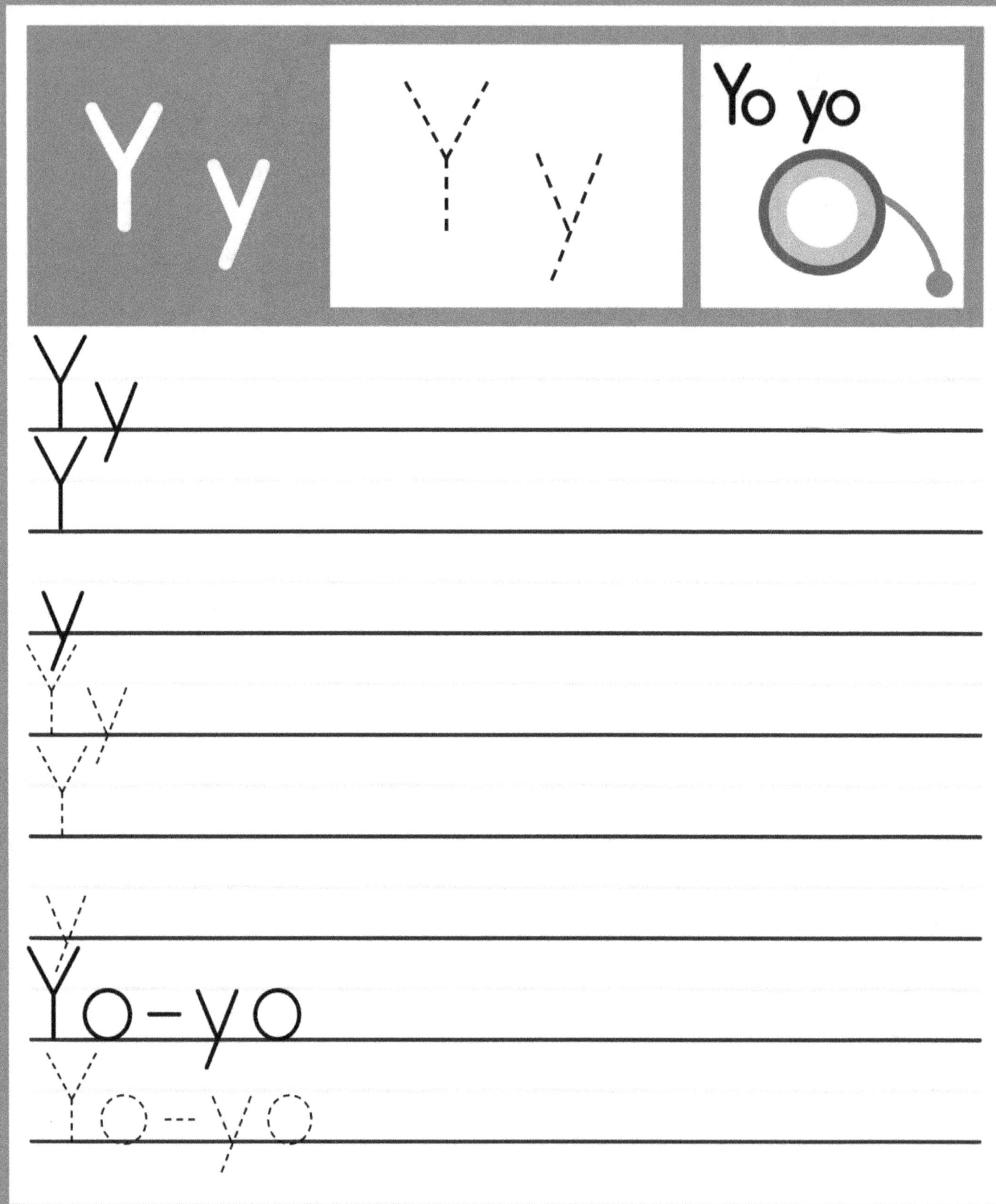
Y y
Y y
Yo yo
Y y
Y
y
Y y
Y
y
Yo-yo
Yo-yo

Z z

Z z

Zig zag

Zz

Z

z

Z z

Z

z

Zig zag

Zig zag

Z z

Z z

Zig zag

Zz

Z

z

Zz

Z

z

Zig zag

Zig zag

Z z

Z z

Zig zag

Zz

Z

z

Zz

Z

z

Zig zag

Zig zag

Z z

Z z

Zig zag

Zz

Z

z

Z z

Z

z

Zig zag

Zig zag

www.ingramcontent.com/pod-product-compliance
Lightning Source LLC
Chambersburg PA
CBHW080304030726
47593CB00009B/2629